애정의 그늘

단편소설집

애정의 그늘

이종도 저

이종도 목사의 사랑과 고난과 삶과 소망에 대한 이야기

"그늘에도 빛이 있고 소망과 구원의 손길이 있다."

이종도 작가의 단편집 《애정의 그늘》은 제목 그대로, 인간이 피할 수 없는 삶의 '그늘'을 은혜의 공간으로 바꾸어 내는 여덟 편의 이야기로 구성되었다.

이 작품집은 사랑과 고난, 삶과 신앙, 그리고 구원이라는 보편적 주제를 다양한 시대와 인물의 삶에서 찾아, 인간 존재의 연약함과 하나님의 섭리를 정교하게 직조한다.

표제작 〈애정의 그늘〉은 병든 친구를 돌보는 주인공의 이야기를 통해, 인생의 고난 속에서도 신앙이 인간을 지탱하는 근원임을 보여준다. '그늘'은 단순히 빛이 닿지 않는 어둠이 아니라, 인간이 하나님을 만나는 내밀한 자리로 제시된다.

이어지는 〈어느 초여름 밤에 생긴 일〉과 〈안개비 내리는 산장〉은 현실과 미지의 세계를 넘나들며, 인간의 두려움과 죄의식, 그리고 구원에 대한 갈망을 신비롭고도 사실적인 서사로 담아낸다.

〈사선을 넘어〉에서는 전쟁의 비극 속에서 생명과 믿음의 경계를 탐색하며, 죽음조차 하나님의 뜻 안에 있음을 깨닫는 인간의 회복을 그린다.

〈믿음과 기도에 대한 이야기〉는 신앙인의 위선과 오해를 유머러스하게 비판하며, '참된 믿음이란 무엇인가'를 질문한다.

〈하늘의 황금마차〉는 죽음을 앞둔 사람들의 환상을 통해 천국의 영광을 묘사하며, 죽음의 공포를 구원의 소망으로 바꾸어 놓는다.

〈코로나19의 기억과 상념〉은 팬데믹 시대의 고립과 불안을 신앙적 성찰로 전환한 작품이다. "기록하지 않으면 기억하지 않는다"라는 말은 시대의 아픔을 넘어 신앙인의 사명을 일깨우는 선언처럼 다가온다.

마지막 작품 〈이만집 목사 이야기〉는 세속적 성공을 거부하고, 오직 진실한 신앙으로 헌신한 목회자의 삶을 통해 '하나님 앞의 진실'이 무엇인지를 묻는다.

이종도 작가의 문체는 따뜻하면서도 진한 감동을 준다. 그는 인간의 비극을 도덕적 훈계로 단순화하지 않고, 서정적 언어로 신앙의 본질을 직조한다. 그에게 '그늘'은 좌절의 상징이 아니라, 오히려 하나님의 손길이 가장 깊이 머무는 자리다.

《애정의 그늘》은 우리 시대의 신앙과 인간애를 되묻는 영적 이야기 모음이다. 인생의 고통과 상처, 그리고 사랑의 진실을 통해 결국 깨닫게 되는 한 가지 진리는 "그늘에도 빛이 있고 소망과 구원의 손길이 있다."

2025년 10월 출판사 서평

차 례

애정의 그늘 ____9

어느 초여름 밤에 생긴 일 ____48
(내가 본 것이 유령이었을까)

안개비 내리는 산장 ____57

사선을 넘어 ____73

믿음과 기도에 대한 이야기 ____130

하늘의 황금마차 ____136

코로나 19의 기억과 상념 ____165
(기록하지 않으면 기억하지 않는다)

이만집 목사 이야기 ____209

그늘은
양지가 아닌 음지라
음지가 다
부정의 의미만이 아니다.

음지에서 일하고
양지를 지향하는 직업도 있고
여름 나무 그늘은
뜨거운 볕을 가려 더위를 식힌다.

아이는 부모의 그늘에 자라고
사랑은 서로의 그늘이 되는데
외로운 나그네 쓸쓸한 인생길
그대는 어느 그늘에 쉼을 얻는가.

"그늘진 그대여! 그래도 내게는 당신이 필요해."
- 사랑의 종착역.

    그늘에는 세 가지 의미가 있다. 첫째는 빛이 가린 어두운 부분을 말하고, 둘째는 의지할 대상이나 보호와 혜택이요, 셋째는 밖으로 드러나지 아니한 처지나 환경을 말한다.

애정의 그늘

　1986년 한여름의 찌는 듯하던 더위도 한풀 꺾이고 아침저녁으로 제법 서늘한 바람이 불어오는 9월 중순 어느 날 오후, 서울 K고등학교 교사로 근무하는 친구가 시골에 있는 나를 찾아왔다. 학창 시절 친하게 지내던 사이였고 또 오랜만에 만나게 되어 매우 반가웠다.
　그런데, 놀란 사실은 그의 모습이 어찌나 수척해 보이는지 전혀 다른 사람 같아 보였다.
　야윈 모습에 눈은 움푹 들어가고 뺨이 홀쭉하여 광대뼈가 툭 튀어나와 보였고 거무튀튀한 얼굴에 잔주름투성이였다. 거기에다 수염까지 덥수룩하니 말이 아니었다.
　그는 부유한 가정에서 자랐고 인물도 수려한 데다 공부도 잘하고 성실하여, 어릴 때부터 사람들의 칭송이 자자했었다. 내성적이라 매사에 차분하여 고등학교 졸업 후 S사범대학에 진학했는데, 그 당시만 해도 시골 형편으로 대학 진학이 쉬운 일이 아니었다.
　나는 그를 반갑게 맞으며,
　"그동안 어떻게 지냈나?"
　그는 멋쩍게 씩 웃으며 말했다.
　"응, 그저 그렇게 지냈지 뭐."
　매우 피곤해 보였다.
　"그래, 저기 가서 앉지."
　그는 소파에 앉아 등을 기대며 한숨을 푹 쉬었다.

"휴!"

나는 그의 야윈 얼굴을 살피며, 조심스럽게 물었다.

"자네, 무슨 일 있었구먼."

"휴우!"

그는 나의 시선을 피해 천장을 쳐다보며 연이어 한숨만 내쉬었다.

나는 냉장고에 음료수를 꺼내 권하며,

"대체 무슨 일이 있었기에 사람이 이렇게 달라졌나. 정말!"

연민의 눈빛으로 그를 바라보았다. 그동안 무슨 큰 일이 있었던 것이 분명했다. 그러고 보니 그에게 소식이 끊긴 지 오래되어 이렇게 불쑥 나타난 것이다. 그는 시골에 있는 나에게 가끔 소식을 전하였고 나도 고향 소식을 전하며 안부를 물었고, 방학이 되면 시골로 내려와 잊지 않고 나를 찾아 주었던 것이다. 멍하니 천장만 바라보던 그는 음료수 한 컵을 단번에 들이키고,

"자네, 내가 왜 이렇게 피골이 상접한 꼴이 되었는가 알고 싶겠지. 그동안…. 나도 말하고 싶어, 속 시원히. 자네는 이해해 주리라 믿네. 세상에 이런 일도 있으니, 이 얘기를 자네에게 해야만 가슴이 좀 후련해질 것 같아."

나는 그의 말에 고개를 끄덕이며,

"그래, 이야기해 보게. 난 자네 친구니까."

그는 다시 한숨을 푹 내쉬고는,

"삼 년 전, 그러니까 그해 여름방학 때였어."

나직나직한 목소리로 그는 말하기 시작했다. 그의 이야기는 다음과 같았다.

여름방학이 시작되는 칠월 말, 그는 피서지를 부산으로 정하고 이른 아침 서울역에서 부산행 열차를 탔다. 경부선은 천안-대전-대구에서 청도-밀양-삼랑진을 향하는데, 이 열차는 대구에서 경주를 경유하여 동해남부로 가는 여름 휴가철 임시 열차다. 동해남부선은 숲과 강, 들과 해변의 아름다운 풍경이 펼쳐진다.

옆 좌석은 비어 있었다.

'이 자리에 누가 앉을까?'

누구나 그렇듯이 여행 중 말벗이 될 사람을 생각한다.

잠시 후 열차는 서울역을 출발하여 덜커덩거리며 시내를 가로질러 서서히 속도를 높이며 달렸고 그때까지 탑승자들이 모두 자리를 잡았는데, 그의 옆에는 여태껏 앉을 사람이 오지 않았다.

'다음 정차 역에서 누군가 앉겠지.'

그는 의자에 등을 기대며 스르르 눈을 감았다. 1학기 아이들을 가르치던 생각을 했다. 그중에 대다수 학생들은 고분고분 말을 잘 듣고 열심히 하는데, 못된 송아지 엉덩이에 뿔 나고 미꾸라지 한 마리가 온 웅덩이 흐린다고 말 잘 안 듣는 한둘 아이들 때문에 골치 아파, 2학기에는 그 아이들을 어떻게 다룰까 생각하니 마음이 복잡해지기만 했다.

'아~ 휴가 중에는 다 잊고 푹 쉬기나 하자. 그러다 보면 좋은 수가 나겠지.'

마음을 내려놓기로 하니, 그동안 쌓였던 피로가 한꺼번에 몰려왔다. 하품이 연신 나고 금방 잠이 들 듯 말 듯 하는데, 차가 덜커덩거릴 때마다 몸이 흔들려 눈이 다시 떠지곤 했다. 그러다가 어느새 깜빡 잠이 들었다.

얼마쯤 지났을까. 비었던 자리에 부스럭거리는 소리가 들려 눈을 떴다. 그의 옆에 한 아가씨가 앉아 있었다.

'어디서 탔지?'

창밖을 보니 아직 서울 근교 들녘이다.

'이상하다? 정거장을 지나지 않았는데, 어디 있다가 왔지?'

이렇게 생각하던 그는 옆자리의 여자를 힐끗 보았다. 뒤로 묶은 긴 머리카락이 단정하고 고와 보였다.

'어떻게 갑자기 이렇게…. 꿈인가?'

잠깐 잠이 든 사이인지라 꿈결로 여겨져 혼란스러웠다. 순간 멍해지며 어수룩해졌고 머리를 흔들며 갸우뚱하다가,

'그나저나, 이 아가씨 어디까지 가는 걸까? 스물 두셋은 되어 보이는데.'

왠지 모르게 그는 설레고 있었다.

이제 그의 나이도 스물일곱이다.

그동안 부모님의 성화에 못 이겨 결혼하려고 여러 곳에 선을 보았지만, 선본 처녀들마다 결혼하려 했지만, 그는 그러한 인연을 달갑게 여기지 않았다. 서로 어느 정도의 시간을 가지고 호감을 가지며 사귀고 정을 나누는 그럴싸한 사랑을 하고 싶었다.

찻집이나 비 오는 거리에서 우연히 만나 이런저런 사연으로 서로 안타까워하며 그리워하는 그런 애절한 사랑을 하고 싶었다. 소설이나 영화에 나오는 이야기같이 밀고 당기며 사랑하고 미워하고 이별도 해 보는, 감미롭고 쓰라리고 아련한 추억을 남길 그런 짜릿한 애정을 생각했다.

하지만 그에게는 좀처럼 그런 기회가 오지 않았다. 때로는 그런 기회를 만들려고 혼자 쏘다니기도 했다. 따뜻한 봄날 꽃잎 날리는 공원을 어슬렁대기도 하고, 비 오는 날 우산 없이 걸어도 보고, 나뭇잎 날리는 가을 도서

관에서 책을 뒤적이기도 하고, 눈 내리는 날 찻집 구석진 자리서 턱을 고이고 수심에 잠겨 보기도 했다.

그러나 그의 준수한 미모와는 달리 어지간히도 만날 운이 없는지, 한 번도 그런 우연은 일어나지 않았다. 그런데 이제 그 인연이 닿았는지, 그의 곁에 아리따운 아가씨가 앉아 있는 것이다.

열차는 수원을 지나 평택을 향하고 있었다. 넓은 들에 곡식들은 뜨거운 볕에 문실문실 자라고, 나무에는 푸른 열매들이 주렁주렁 달려 있다.

'홍수나 태풍이 조금 있을지라도, 큰 자연재해가 아니면 올해도 풍년이다!'

싱그러운 바람이 시원스럽게 불어오는 창밖을 바라보는 그의 마음은 무척 푸근했다. 더구나 옆자리에 마음에 들어 보이는 사람이 있으니, 더 그런 느낌이 들었다.

그는 여행이 즐거웠고 매우 행복했다.

'말을 걸어 봐야겠는데 무슨 말로 시작할까? "저, 어디까지 가시나요?" 아니야, 이런 말은 너무 상투적이야. "저, 혼자이신가요. 이야기 좀 해도 될까요?" 아니, 이런 말은 괜히 속 보이는 말일 뿐 별 매력 없어.'

누가 말했는가. "아무것도 하지 않으면, 아무 일도 일어나지 않는다."

그는 무슨 말을 어떻게 해야 할지 머뭇거렸다.

'아유, 첫인상, 첫말 한 마디, 매력 있는 말이면 좋을 텐데….'

그러다가 그때, 멋진 말이 하나 떠올라 이런 말을 해도 되나 하고, 할까 말까 하고 있는데 아가씨가 먼저 말을 걸었다. 아무것을 안 해도 일어날 일은 일어난다.

"저~ 아저씨, 어디까지 가세요?"

갑작스런 그녀의 말이 뜻밖이라,

"저, 저는 아직 총각입니다. 아저씨가 아니라고요!"

"호호호 그래요? 그렇게 오해하셨다면 미안한데…."

"오해라니! 내가 무슨 오해를 했다고?"

그는 자신도 모르게 따지듯 그런 말이 튀어나왔다. 고운 말로 인사하고 대화를 나누어도 잘 될까 걱정되는 판국에 어찌 이렇게 시비하듯 되어 가는지, 자신도 한심스럽게 느껴졌다. 또 경상도 특유의 억양에 목소리까지 높으니, 처음 대하는 사람에게 예의가 아니었다. 그의 목소리에 주위 사람들이 힐끗힐끗 보고 있었다.

'이 무슨 창피람, 젠장!'

그가 민망해하며 움츠리고 있는데, 그녀는 사람들을 의식하지 않고 나긋나긋한 목소리로 말했다.

"아저씨, 제가 한 말은 총각, 아저씨를 구분해서 하는 말이 아니고요. 그냥 처음 보는 남자, 모르는 사람에게 그렇게 부르는 거예요. 그렇게 화내지 마세요. 그럼, 이렇게 불러 드릴까요? 총각님!"

"하하, 총각님, 그것참!"

그녀의 말에 웃지 않을 수 없었다. 그는 몸을 추스르며,

"처음 대하는 상대방을 부르기가 어색하기도 하지요. 서로 알기까지 그렇지요. 미안합니다. 괜히 화낸 것 같은 목소리를 해서요."

"그럼, 정말 화 안 나셨단 말이죠?"

"암요, 마 갱상도 사나이 목소리는 본래 안 그러십니꺼."

"호호호, 아저씨 참 재밌어요."

그녀는 깔깔거리며 좋아했다.

열차는 천안을 지나고 있었다. 차창 밖에 길게 늘어진 능수버들이 시원스럽게 부는 바람에 하늘대고 있었다. 하늘거리는 그 여린 맵시가 그녀의 모습 같았다.

그녀는 키가 좀 크고 날씬한 몸매에 콧대가 곧고 입술이 고왔다. 화장을 하지 않은, 꾸미지 않은 순수한 그런 모습이었다. 거기에다 목선이 아름다워 긴 머리에 어울렸다. 정말 그의 마음에 꼭 드는 아름다움을 지니고 있었고, 마음씨도 고와 보였다.

'하늘에서 내려온 천사와 같다는 말이….' 그녀를 그냥 곱게만 보고 있다는 생각도 들었다. '매사에 신중하고 차분한 내가 왜 이러지?' 아무리 그래도 갑자기 그럴 수는 없는 것이다.

'콩깍지일 수도 있어. 제 눈에 안경이라.'

하지만, 어찌 되었든 그녀가 곱고 예쁘게 보였다. 고마운 마음이 저절로 생겨났다. 모태 신앙인 그는 오랜만에 감사의 기도를 드렸다.

그의 인연은 그렇게 시작되고 있었다.

열차가 조치원에 도착했다. 옛날에 그리 크지 않았던 촌락 조치원(鳥致院)은 경상, 전라, 충청 상인들과 여행객들이 드나들어 고려와 조선 시대 원(院)이 있었고, 거리에 주막으로 가촌을 이루어 사람들이 북적였다.

아름드리 느티나무 외로운 언덕 위에 호젓한 초가삼간 주막이 보인다.

산마루 조각구름 뻐꾸기 슬피 울고
피리 소리 푸르르 메아리 구성지다.
죽장에 삿갓 노인 버들 길 쓸쓸하고
달구지 딸랑딸랑 방울 소리 처량하다.

우물가 여인네 두레박이 흔들흔들
물동이 따리 처녀 오막살이 서럽다.
짐을 진 젊은이 언덕길 힘에 겨워
꽃동산 어린아이들 웃음소리 푸르르다.

백양나무 그늘 아래 먼 길 지친 사람들
괴나리봇짐 내려놓고 흐르는 땀 훔친다.
한양 가는 젊은 선비여,
과거 길은 아직도 멀기만 하구나!
우거진 숲속에 산비둘기 울음 구슬프다.

길모퉁이 외양간에 당나귀 매어 두고
주막으로 성큼성큼 발걸음 내딛는다.
"주모, 여기 국밥 한 그릇 주시오!"
벌컥벌컥 냉수 한 사발 들이키며,
먼 길 지친 나그네 허기를 달랜다.

청운의 뜻을 품고 길 떠나는 사람아,

실버들을 천만사나 늘어놓고도

정들어 가는 님 잡아매지 못하구나.

두 눈에 흐르는 눈물 두견이 슬피 운다.

돌아오리라 언젠가는, 잊어 가는 그 즈음에.

그렇게 옛날 풍경을 상상하고 있는 그때, 옆자리 건너편에 흑갈색 안경을 낀 머리가 희끗한 중년의 아저씨가 신문을 보며, 가끔 우리를 주시하는 것이 보였다.

'저 아저씨, 좀 이상하다. 왜, 힐끗거리지?'

조금 의혹스러웠지만, 그 아저씨도 보통 사람들처럼 젊은 연인들이 정겨워하는 모습을, 흥미 있게 바라보는 그런 사람으로 여기고 별로 신경을 쓰지 않았다.

열차는 기적을 울리며 한밭(大田)을 향하여 힘차게 달리고 있었다. 푸름으로 덮인 창밖에서 싱그러운 풀냄새가 차 안에 스며들었다.

아~, 그는 들뜬 기분이 되었고, 세상 모든 것이 아름답게만 보였다.

'나에게도 이제 때가 온 것이다. 내가 그렇게 바라던, 이 기회 놓치지 말자. 아니지, 그렇게 애쓰지 않아도 천생연분이라면…, 인연인지도 모른다. 월하노인(月下老人) 고사(故事)에 나오는 하남성의 위고처럼.'

이런 생각을 하다가, 그녀에게 월하노인 이야기를 들려주고 싶었다.

"월하노인 이야기 아세요?" 하고 말을 꺼냈다.

"그런 이야기 잘 모르는데요. 무슨 얘기죠?"

"말 그대로는 달빛 아래 노인이지요. 또는 월하빙인(月下氷人)이라고도 합니다. 달빛 아래의 얼음 사람 뜻이 됩니다만, 이야기를 듣지 않고는 자세히 알 수 없답니다."

"재미있겠네요."

그녀는 밝게 웃으며 귀를 기울였다.

"중국 하남성(河南城)[1]에 외모가 준수한 청년이 살았는데…."

그는 그녀가 이야기를 재미있게 듣는다는 생각에 즐거웠고 흥이 났다.

청년의 이름은 위고(韋固)인데, 그는 지혜가 뛰어나고 학식이 풍부했지만 장가들 나이에도 결혼을 하지 못한 것. 그러던 어느 날 눈이 하얗게 쌓인 달밤을 거닐고 있는데, 머리카락과 수염이 온통 하얀 한 노인이 자루 속에 청색과 홍색의 실을 꺼내어 묶고 있어 왜 그러느냐 물으니, 세상 사람들의 부부 인연을 맺어주고 있다는 것. 그래서 자기의 아내 될 사람이 누구냐 하니 웬걸! 그 아내 될 사람은 시장 구석에서 장사하는 여자의 딸인데 그 나이가 겨우 서넛밖에 안 되는 코흘리개라는 것, 등.

한참 이야기하다가 그는 말을 멈추었다. 진지하게 듣고 있던 그녀의 모습에 빠져 버리고 만 것이다. 그 순진한 표정, 더할 나위 없이 맑은 눈동자, 고운 미소에 도취되어 버린 것이다. 그가 보기에도 기가 찼다.

'허허, 과연 제 눈에 안경이로다. 완전히 콩깍지가 씌었구먼!' 생각하니 슬며시 웃음이 나왔다.

---

[1] 하남성(河南城)은 현재 허난성(河南省: Henan) 지역으로, 황허(黃河) 남쪽 화베이에 있었던 성읍을 이른다. 한편, 성(省)은 중국의 큰 행정구역을 말하는데, 몽골 원(元)이 한족을 물리치고 중화(中華)를 점령하여 통치할 때부터 써왔다. 이는 금(金)의 변경(邊境) 통치구역 행대상서성(行臺尙書省)을 모방한 것으로, 그 이전에 한(漢)은 주(州), 당(唐)은 도(道), 송(宋)은 로(路)의 명칭을 사용했다.

열차는 어느덧 한밭, 대전을 지나 푸른 들을 가로 지르고 있었다. 산천은 온통 녹색 빛이다. 넓은 들에 자라는 벼들이 붉은 태양 아래 푸른 물결을 이루며 일렁거린다. 지금 이 순간이 마냥 싱그럽기만 하다. 우리의 젊음도 저 푸른 산과 들 같아서, 이렇게 풋풋한 향기를 내뿜고 있다.

'아, 상쾌한 바람이여!'

창밖의 아름다운 풍경에 열차는 기적을 울리며 푸른 초원을 힘차게 달리고 있다.

"참, 재미있네요. 그다음 어떻게 됐어요?"

"아~, 어디까지 했더라.…"

잠깐 즐거운 환상에 젖어 있던 그는 생각을 더듬으며,

"그렇지, 그래서 위고는 그 노인의 말을 달갑게 여기지 않았어요. 설마, 그 코흘리개 꼬마가 자기 짝이 될 리도 없고, 또 그 말을 믿지 않았기 때문에 그냥 지나치고 말았지요."

그녀는 고개를 끄덕였다.

"그 후 그 나라에 전쟁이 일어났고 위고 청년은 싸움터에 나갔는데, 어느덧 14년이란 세월이 흘러갔어요. 장가도 물론 못 가고."

이야기 도중 서로 마주 보았다. 그녀는 생긋 웃으며 말했다.

"그래서 그 뒤로 어떻게 되었어요?"

"위고는 전쟁을 승리로 이끈 공로로 하남성의 부관(副官)이 되었는데 그제야 장가를 들려 했지요. 마침 그 고을 성주에게 열일곱 되는 딸이 있었는데 어찌나 예쁘고 고왔는지 사방에 소문이 자자했어요. 결국 위고는 그 아가씨와 결혼하려 마음먹고 청혼했지요. 그래서 혼례가 성사되었는데…"

월하노인(月下老人)은 중국 당나라 이복언(李復言, 775~833)이 편찬한 전기소설(傳奇小說) 《속유괴록(續幽怪錄)》 진서(晉書) 예술전에 나오는 일화다. 앞서 기록한 《현괴록(玄怪錄)》의 뒤를 잇는다는 뜻으로 《속현괴록》이라 하는데, 책의 제목처럼 기괴하고 묘한 이야기는 흥미 있는 고대 설화 중 하나로, 정혼(定婚)에 대한 이야기다.

당 태종 때, 하남성에 여행을 좋아하는 청년 위고(韋固)가 있었다.

여러 지역으로 여행을 하고 있던 중 송성(宋城)[2]을 들어서니, 소나무 숲으로 둘러있는 마을은 온통 눈이 하얗게 덮여 있었고, 푸르게 흐르는 고요한 달빛은 줄지어 서 있는 집 지붕에 비치었다.

이미 밤은 깊어 가고 거리에는 왕래하는 사람의 그림자도 드물었다. 그러던 중 어느 길모퉁이에서 이상한 노인을 발견하고 발길을 멈추었다.

'이 밤에 무얼 하고 있는 걸까?'

노인은 땅바닥에 놓인 봇짐에 몸을 기대고 앉아 열심히 책을 훑어보고 있었다. 그의 흰 수염에도, 휠휠 넘기는 책장에도 푸르게 젖은 달빛이 비치었다. 이 사람이 바로 월하노인(月下老人)이었다.

위고는 그 노인에게 가까이 다가서며 말했다.

"어르신 무얼 보고 계십니까?"

노인은 조용히 고개를 들었다. 그 얼굴에는 밝은 미소가 가득했다.

"나 말인가?"

"네, 지금 보고 있는 그 책 말입니다."

---

[2] 송성(宋城)은 말뜻 그대로 '소나무 숲 성'을 말하며, 송(宋)나라 도읍지였던 항저우(杭州)에 있다. 항저우는 중국 7대 고도(古都) 중 하나로 경치가 아름답기로 유명하여, 옛날부터 사람들이 "하늘에는 천국이 있고, 땅에는 소주와 항주가 있다"고 하였다.

"이 세상 사람들의 혼인에 대해 찾아보고 있네."

"그래요. 그런데, 등에 기대고 있는 그 보따리에는 무엇이 들어 있습니까?"

"자, 이것 보게. 붉은색과 푸른색 끈이 가득 들어있지. 이것은 부부의 인연을 잡아매는 끈이라네. 한번 이 끈으로 잡아매면 두 사람은 아무리 멀리 떨어져 있어도, 가령 철천지원수 사이라도 반드시 맺어지게 되는 것이지."

그때 위고는 장래에 혼인하게 될 아내가 누구인지 궁금했다.

"그러면 제 처는 지금 어디 있는지 가르쳐 주시겠습니까?"

"자네 처 말인가?"

하며 책장을 몇 번 넘기더니

"아~ 여기, 이 송성(宋城)에 있다네. 이것 봐, 저 북쪽에 야채를 팔고 있는 진(陳) 할머니가 있지? 그의 곁에 있는 꼬마라네."

그래서 그 노인이 가리키는 곳을 보니, 정말 시장 입구 골목길 모퉁이에 여자가 있고 그 곁에 거무튀튀하게 보이는 어린아이 하나가 있었다.

'뭐 이런 괴이하고도 요상한 일이 있단 말인가!'

위고에게는 그리 반가운 이야기가 아니었다. 게다가 그 말을 믿지도 않았기 때문에 그냥 지나치고 말았다. 그 후 전쟁이 일어나고, 그 난리에 14년이 지나서 위고는 하남성 상주(橡州)의 관원이 되었는데, 그 고을 태수의 딸이 지혜롭고 예쁘다는 소문이 자자하여 청혼하였고 결국 혼인이 성사되었다. 신부는 17세의 꽃다운 나이로 곱고 아름다웠다. 위고는 행복했다.

'그럼, 그 월하노인의 예언은 거짓이었단 말인가?'

이렇게 생각하던 어느 날 밤 그는 아내에게 살아온 내력을 물어보았다.

"사실 전 태수님의 친딸이 아니라, 양녀입니다. 친아버지께서 송성에서 관리로 있을 때 돌아가셨습니다. 그때 저는 젖먹이였는데, 친절한 유모가 채소를 팔며 저를 기르셨답니다. 유모가 돌아가시자 태수님이 저를 어여 삐 보셔서 양녀로 돌봐 주셨지요."[3]

이야기를 다 마치니, 그녀는 가볍게 손뼉을 치며 웃었다.
"아하! 그랬군요. 그러니까 월하노인이 맺어준 인연은 끊을 수 없다는 것이죠."
"네, 그래요. 하늘이 맺어준 인연은 미리 다 정해져 있어 절대 바뀌지 않는다는 말이지요. 이 이야기는 설화에 불과하지만, 옛날부터 어른들이 그랬지요. 혼인은 하늘이 맺어주는 것이라고."
"아~, 정말."
그녀는 그의 말에 동감을 하며 고개를 끄덕였다.
그는 이야기에 집중하느라, 긴장된 몸을 풀려고 팔을 뻗어 힘껏 기지개를 켰다. 그때 선반에 가방이 하나 눈에 띄었다. 그때까지도 그는 그 가방에 별로 관심에 두지 않았다.

열차는 영동역을 지나 추풍령을 향하고 있었다. 추풍령은 충북과 경북의 경계 지역으로, 이 고개를 넘으면 김천이다. 산세는 수려하고 초목은 싱그럽기만 하다.
그렇게 창밖의 풍경을 바라보고 있는 그녀에게 그가 말했다.

---

[3] 또 어떤 이본(異本)에는 위고가 그 여자아이의 모습이 추하고 못생겨서 다음 날 자객을 보내 해치려 하다가 미간(또는 다른 곳)에 깊은 상처를 남겼는데, 14년 후에 만나 결혼한 첫날밤에 그 상처를 보고 알게 되었다는 이야기도 있다.

"웃기는 이야기 하나 할까요?"

"네, 들려주세요. 아까 의미 있는 이야기, 좋았어요."

그녀는 미소 지으며 선뜻 대답했다.

"이번에는 그냥 우스운 얘기입니다. 경상도 아가씨와 서울 총각이 결혼을 했는데…."

그는 생긋이 웃고 있는 그녀의 모습을 보며 즐거운 마음으로 얘기했다.

경상도 아가씨가 서울 총각과 결혼하여 친정으로 갔는데, 거기서 둘이 시비가 붙었다. 경상도에서는 국수를 국시라 하는데, 서로 자기의 말이 옳다고 우기다가 동네 이장에게 물어보기로 했다. 이장은 눈을 지그시 감고 시비 내용을 다 듣고 난 뒤 점잖게 말했다.

"국수와 국시는 완전히 다릅니다."

"네에~?"

"먼저 재료가 다릅니다."

"어떻게요?"

"국수는 밀가루로 만들고, 국시는 밀가리로 맹글지요."

"아니, 밀가리가 밀가루 그게 그거 아닌가요?"

남편의 말에 이장은 그를 지그시 바라보다가 말을 이었다.

"제조 과정도 다릅니다. 국수는 공장에서 만들고, 국시는 손으로 빚지요. 또, 파는 곳도 다릅니다. 국수는 마트에서 팔고, 국시는 구멍가게에서 팝니다. 그리고 담는 것도 다릅니다. 국수는 봉지에 담고 국시는 봉다리에 담습니다."

"호호호~."

그녀는 가볍게 웃으며 즐거워했다.

경상도 사투리에 '가루'를 '가리'라 하고, '만들다'를 '맹글다'로 말하니 잘 알아듣지 못하는 사람도 있다. '맹글다'는 훈민정음 언해 서문에 기록되어 있다. "나랏말싸미 듕귁에달아… 새로 스물여듧짜를 맹그노니…."

열차는 낙동강을 따라 대구 근교를 지나고 있었다.

창밖에는 온통 사과나무의 푸른 물결을 이루고, 가지마다 큼직한 열매들이 주렁주렁 달려 있다. 상큼한 풋사과의 향기가 차 안까지 스며들어 여행하는 사람들을 싱그럽게 하였고, 그녀의 맑은 눈에서 그 산뜻한 향기가 풍겨 나오고 있었다.

그녀는 스르르 눈을 감더니 잠이 들었고, 그는 생각에 잠기기 시작했다.

'그녀에게 동행자가 없다. 아니, 다른 칸에 있을지 모르겠으나 지금까지 본 바로는 혼자인 것이 분명하다. 그런데 이 여자 어떤 사람, 어디서 무슨 일을 하는 사람인지….'

그러고 보니 아직 서로에 대해 아무것도 아는 것이 없었다.

'그런 것들은 차차 알게 될 테고. 그나저나 나에게 호감을 갖는 것 같기도 한데…. 다음에 또 만나자고 해 볼까. 사귀는 사람은 있지 않을까?'

열차는 어느덧 동쪽의 보문호에서 서쪽의 형산강으로 흐르는 알천과 황성공원을 지나, 신라 천년고도 경주에 도착했다.

東으로 명활산성과 동천이 있고 西로는 동궁 월지(안압지)와 반월성 석빙고, 그 아래쪽 평지에 쑥돌로 쌓은 첨성대가 있으니, 아! 저기 저 천년의 숲 계림 너머에 삼국통일을 이룬 왕들과 화랑들, 그리고 '금오신화(金鰲新話)'의 남산 기슭 우거진 푸른 나무 사이에, 한국사 최초로 여왕이 된 선덕여왕 덕만공주가 잠들어 있다.

경주역을 출발한 기차는 신호장(信號場)[4] 간이역 동방으로 향하고 있었다. 신호 체계의 철로를 지나고 있을 때, 차가 덜컹거리며 흔들렸다. 그녀가 움찔 잠에서 깨더니, 매우 놀라며 눈을 번쩍 뜨고 위를 쳐다보았다.

"휴우~."

손을 가슴에 대며 안도의 숨을 쉬었다.

'왜 저렇게 놀라 한숨을 내쉬지?'

그러고 보니, 열차가 멈출 때마다 그녀는 가방을 의식하고 있었다.

'무슨 귀중품이라도 들었나? 하기야 누구나 그렇듯이 자기 가방을 챙기는 것은 당연한 일이지. 하지만, 너무 놀라지 않는가?'

그녀는 다시 눈을 감았다. 잠을 자려고 하는 것은 아닌 것 같고, 무언가 곰곰이 생각하는 것 같았다.

'무슨 이야기라도 해 볼까? 아니야, 쉬고 있는데….'

그러고 있는 그녀를 방해하지 않았다. 궁금한 것이 많았지만 물어보지도 않았다. 그냥 서로 눈이 마주치면 조용히 미소 지을 뿐, 상대를 이해하고 베풀 수 있는 것은 그 사람을 편히 쉬게 해 주는 것임을 잘 알고 있기 때문이다.

열차는 어느덧 태화강 위를 시원스럽게 달리고 있었다.

---

4) 신호장(信號場: Signal Station)은 열차의 교행과 보행자의 대피를 위해 설치된 간이 철도역으로, 보통 여객이나 화물을 취급하지는 않지만 그 지역의 형편과 사정에 따라 병행하는 경우도 있었다.

강가에서 어린아이들이 발가벗은 몸으로 해맑게 웃으며 멱을 감고, 새들은 짝을 지어 끼룩끼룩 강 위를 날고, 기차는 종착역 부산을 향해 힘차게 기적을 울린다.

동해남부선은 산과 들, 강과 바다가 어우러져 아름답기로 유명하다. 창밖은 한 폭의 풍경화 같다.

'자연의 위대함은 이루 말할 수 없구나. 정말, 놀랍다!'

연신 아름다운 경치에 감탄했다. 그는 감정이 좀 풍부한 사람 축에 속하여, 특히 자연의 아름다운 서정적인 분위기에 감동을 잘 했다.

누가 말했던가. "시인은 자두를 봐도 감탄할 줄 아는 사람이다."

그는 한때 시를 쓰기도 했다. 하지만 생각보다 쉽지 않아 그만두었다. 시를 쓰는 것은, 쉬운 일이 아니다. 특별한 영감이 필요하다. 어떤 시인은 "살기 어려운 인생에 시가 쉽게 써지는 것은 부끄러운 일이다" 하였으니, 시인은 정말 하늘이 내리는 재능으로 글을 쓰는가 보다.

열차는 화산천의 세 개 다리를 연이어 달리며, 태봉산을 지나 서생역에 도착했다. 창밖에 시골 냄새가 물씬 풍겨 왔다.

'다음이 월내역이다. 이 구간은 매번 봐도, 또 보고 싶을 정도로 아름답기 그지없다. 좌천역까지 그야말로 멋진 바다 풍경이 시원하게 펼쳐진다!'

열차는 그렇게 여객을 싣고, 즐거운 마음으로 창밖의 경치를 보고 있는 동해의 푸른 물결 해안선으로 신나게 달리고 있었다. 출렁이는 파도 위를 갈매기 유유히 날고, 푸른 물결은 흰 거품을 내며 갯바위에 부서진다. 월내역을 지나 열차가 내리막을 달릴 때는, 와르르 미끄러져 동해의 푸른 물결 속으로 빠져드는 것만 같다.

'아, 파라다이스!'

저 망망대해 태평양 어느 곳에 그 아름다운 곳이 있을 거라는 착각을 일으킬 정도로 풍경이 멋지다. 정말 그런 곳이 있다면, 이렇게 쉼 없이 달리고 또 달려 그 영원한 피안의 세계로 가고 싶다.

"경치가 참 아름답네요."

어느새 깨어났는지 그녀가 나직한 소리로 속삭이듯 말했다.

"동해남부선이 처음이세요?"

"네, 늘 대구에서 청도-밀양-삼랑진으로 갔는데, 이번엔 어쩌다 이 열차 타게 되었어요."

휴가철 임시열차는 급행열차와는 달리 여러 정거장을 정차하여 시간이 많이 소요되었다.

"그랬군요. 저는 경주가 고향이라 어릴 때부터 이곳을 다녔는데, 언제 봐도 이렇게 아름다워요."

"네, 정말 그러네요."

그녀는 해맑게 웃으며 말했다.

열차가 해안 가까이로 지나갈 때, 앞좌석에서 서울 말씨의 앳된 한 소년이,

"와! 저기 봐, 정말 멋지다."

동생으로 보이는 눈깔사탕을 든 아이가,

"엉아, 참 조타. 그치?"

사람들이 모두 창밖을 보았다. 심해의 푸른 물결이 하얀 포말을 일으키며 바위에 부딪치고 있었다.

"와!"

"와아!"

감탄사가 연발이다.

두 사람은 아름다운 풍경에 도취되어 마주 보고 생긋이 웃으며, 아무 말이 없었다.

"……."

"……."

이제 둘은 서로 잡다한 말이나 설명 같은 것이 필요 없음을 느꼈다. 이 아름다운 풍경을 서로 공감하는 순간이 마냥 즐겁기만 했기 때문이다.

어느새 부산은 가까워지고 있었다. 이제 시간이 얼마 남지 않았다.

'어떡하지? 헤어지기 전 연락처라도 알아야겠는데.'

그는 조심스러워하고 있었다. 그렇게 망설이고 있는데, 그녀가 화장실을 잠깐 다녀오겠으니 가방을 좀 봐 달라 하며 자리에서 일어났다. 그런데 올 시간이 한참 지났는데도 그녀가 나타나지 않았다.

'웬일? 무슨 일이라도….'

그는 무슨 사고가 생겼나 걱정되어 그냥 앉아만 있을 수 없었다. 화장실 쪽으로 발길을 옮겼다. 문 앞에서 헛기침을 하고 노크를 했다. 안에서 신호가 왔다.

'그렇다면 여태 화장실에 있었단 말인가?'

자리로 돌아오려고 할 때 문이 열렸다. 그런데 화장실에서 나온 사람은 그녀가 아니라 나이가 좀 들어 보이는 중년의 아줌마였다.

'어디로 갔지?'

다음 칸을 기웃거리며 찾다가 자리로 돌아왔다.

'가방을 두고 갔으니 가지러 오겠지.'

가방을 맡겼으니 꼭 오리라 믿었다. 그러나 종점이 다가오는데도 오지 않았다.

그제야 알았는데, 그때, 건너편 좌석에서 신문을 보며 우리를 주시하던 그 안경 낀 아저씨도 보이지 않았다.

드디어 열차가 종점에 도착했다. 그러나 끝내 그녀는 나타나지 않았다.

'어떡하나?'

사람들은 하나둘씩 개찰구를 향하고 있었다.

'어쩌지? 가방을 부탁받았으니 책임은 져야 하고.'

사람들이 거의 다 나갔을 때, 그는 어쩔 수 없이 가방을 끌고 개찰구를 빠져나왔다. 가방은 크기에 비해 제법 무거웠다.

'무슨 여자 가방이 이러나?'

대합실에서 나온 그는 역 광장에 오가는 사람들을 살피며 그녀를 기다렸다. 그렇게 한참의 시간이 지나 어느덧 해는 기울어, 가로등이 하나둘 켜지고 상가의 네온사인이 반짝거리며 전파사에서는 흘러간 옛 노래가 들려왔다.

> 둘이서 걸어가는 남포동의 밤거리 …
> 네온 불 반짝이는 부산 극장 간판에
> 옛꿈이 아롱대는 흘러간 로맨스
> 그리워도 소용없고 정들어도 맺지 못할 항구의 사랑.[5]

---

5) "항구의 사랑" 이 노래는 1959년에 발표된 최치수 작사, 김부해 작곡, 윤일로 노래 가사의 일부이다.

'도무지 알 수 없는 일이로다!'

그는 아름다운 멜로디에 도취될 수 없었다. 의문 속에 많은 상념들이 머리를 혼란스럽게 하여 다른 생각은 할 수 없었다. 그녀는 이제 아주 어디론가 가버린 모양이다.

'도대체 이 여자, 어디로 사라졌단 말인가?'

더 이상 그렇게 마냥 기다릴 수 없었다. 어쩔 수 없이 그는 택시를 타고 여관으로 향했다. 거리에는 청춘 남녀들이 짝을 지어 여름밤을 한껏 즐기고 있는데, 항구의 여름밤은 그렇게 시작되고 있었다.

'어쩌나, 경찰에 신고를 해야 하나? 아니야, 무슨 사정이 있는 것이 분명해. 어쩌면 만날 수도 있으니, 신고는 나중에 해도 되고 일단 좀 두고 보자.'

객실에 들어 온 그는 가방을 방구석에 두고 누워서 그녀가 어디로 갔을까 하는 의문에 휩싸였다.

'대체, 저 가방에 무엇이 들어있나?'

생각을 하다가 그는 후다닥 자리에서 일어났다.

'그렇다! 왜 미처 그 생각을 못했을까? 그래, 가방 속에 주소나 전화번호가 적인 수첩이 있을지도 모른다.'

남의 가방이지만, 그래도 주인을 찾아 주기 위해 어쩔 수 없이 가방을 뒤져보기로 마음먹었다.

그는 방 가운데 가방을 끌어 놓고 지퍼를 열었다. 여자들이 흔히 쓰는 액세서리 몇 개와 옷 몇 벌이 차곡차곡 개어져 있고, 투명한 비닐에 반짝거리는 시계와 반지, 팔찌와 목걸이가 들어 있었다. 자세히 보니, 겉으로는 번지르르하지만 모두 가짜였다. 그의 삼촌이 경주에서 금은방을 하는데, 배워서 진위를 구별할 수 있는 안목이 있었다.

옷을 헤집고 안을 들여다보았다. 거기에 또 하나의 작은 가방이 있고, 두꺼운 보자기에 무언가 뭉클한 것이 검은 비닐에 싸여 있었다. 큼직한 것이 제법 무거웠다.

한 겹, 두 겹, 세 겹….

'뭐길래 이렇게 야무지게 싸 놓았나?'

그런데, 느낌이 좀 이상했다. 비닐을 다 벗기자 그것은 또 몇 겹의 신문지에 덥혀 있었다.

'이게 뭐지?'

그는 신문지를 조금 벗겼다.

"으으으억, 헉!"

짧은 비명을 지르며 손에 쥐었던 것을 털어버리듯 떨치고는, 뒷걸음치며 서너 발자국 물러났다. 그것은 갓난아기의 시체였다. 정신이 아찔했다. 숨이 막힐 지경이었다.

'아, 그 아가씨, 순진해 보인 그녀가 어찌 이런 일을, 도저히 믿지 못할 사건이다!'

그냥 있을 수 없었다.

'빨리 신고해야 한다!'

밖으로 뛰어나왔다. 방안에 교환기가 있고, 카운터에 전화가 있는데 서두르다 보니 다 잊어버리고 길가의 공중전화를 찾고 있었다. 수화기를 들고 동전을 넣었다.

'따르륵, 따르륵!'

동전 들어가는 소리가 들릴 때, 그는 너무 당황하고 있다고 판단했다.

그리고 뭔가 착각하고 있는 것인지도 모른다고 생각했다.

'혹시, 잘못 본 건 아닌가? 그런 예쁜 그녀가 그럴 수 있나. 그런데 틀림없이…. 아니, 잘못 보았는지 모른다. 그러고 보니 너무 성급했구나!'

버튼을 누르려다 수화기를 내리고 전화박스를 나온 그는 다시 여관으로 갔다. 한 번 더, 분명하게 확인해 보고자 해서였다.

이층 계단을 오를 때 다리가 후들후들 떨렸다. 문 가까이에 이르러, 방문이 조금 열려 있는 것이 보였다. 급하게 나오느라 문을 잠그지 않았던 것이다. 아! 그런데 이 무슨 일인가. 방 가운데 있어야 할 가방이 없어진 것이다. 너무 황당하였다.

그는 두 손으로 눈을 비비고 다시 보았다. 그러나 가방은 거기에 없었다. 무서웠다. 온몸에 소름이 오싹 끼치고 등줄기에 식은땀이 흘렀다. 재빨리 문을 걸어 잠그고 방바닥에 털썩 주저앉았다.

'누가 가방을 가져갔나? 방문이 열려 있어 훔쳐 갔나?' 알 수 없는 의혹에 그는 으스스 떨었다.

'이 무슨 해괴한 일도 다 있단 말인가!'

그때, 열차에서 주시하던 그 색안경 아저씨가 떠올랐다.

'아니 그럼, 이제까지 내 뒤를 미행한 사람이 있었단 말인가?'

이내 머리를 가로저으며,

'아닐 거야, 그동안 이상한 사람이나 뒤 따르는 사람도 없었고, 누가 훔쳐 간 것이 분명해.'

그는 두근대는 가슴을 가라앉히고 흥분된 마음을 진정하려 애썼다. 조금 지나니 정신이 좀 들었다. 당황하여 문을 잠그지 않은 것을 후회하고 있었다.

의문에 휩싸여 온갖 생각을 다하며 조바심하다가 날이 밝아 오기 시작할 무렵, 그는 잠깐 잠이 들었다. 꿈인지 생시인지, 무거운 무엇에 짓눌려 뒤척이면서 깨어난 것은 날이 환히 밝아서였다. 새로운 하루가 시작되었는데, 상쾌하지 못한 기분에 그는 화가 치밀어 올랐다. 그러나 어찌하랴, 이 일이 빨리 해결되기를 바랄 뿐, 다른 방도가 없었다.

'정말, 그 가방? 그렇다면 보통 문제가 아닌데, 심각한 범죄 사건이다! 아니, 아닐 거야, 그 착해 보이는 아가씨가 그렇게까지 하겠는가? 모르지, 양의 탈을 쓴 이리도 있으니 정말 알 수 없는 일이로다!'

너무 의혹스러운 일이 한꺼번에 일어나 머리가 매우 복잡했다. 그래도 다행인 것은 아직 젊어서, 설치는 잠이라도 자고 나니 몸은 조금 가벼웠다. 다시 마음을 가다듬고 소파에 앉아 이 일을 어떻게 처리해야 할까 고민했다.

'신고를 해야겠는데, 아무런 증거가 없으니…, 누가 이 말을 믿어주겠는가.'

잘못하다가는 정신병자로 취급받을 것 같았다.

'차라리 빨리 잊어버리자.'

그는 마음을 굳게 먹었다.

'이 일은 없었던 걸로 하자.'

그냥 모든 일을 잊어버리기로 하였으나, 머리 한구석에는 도무지 알 수 없는 의혹이 떠나지 않았다. 그렇게 한나절이 다 가고, 몸과 마음은 지치고 있었다. 이제 피서도 뭐고 다 귀찮기만 했다. 당장이라도 서울로 돌아가고 싶었다. 모든 것을 다 망쳐 버린 것이다. 그는 더 이상 견디지 못하고 포기 상태에 이르렀다.

'오랜만에 여행을 왔는데 이 무슨 꼴이란 말인가. 나도 모르겠다. 에라, 될 대로 되라지. 케세라세라(Que sera, sera)!'

그런데 이상하게도, 그런 가운데서 그녀를 탓하거나 원망스러운 마음은 들지 않았다. 오히려 아련히 떠오르는 아름다운 추억 같은 느낌이 들며, 미소 짓는 그녀의 예쁜 모습이 떠오르는 것이다.

'오! 내 마음 나도 몰라~. 이 무슨 얄궂은 상념인가?'

그는 이 야릇한 마음을 떨쳐버리고자, 머리도 식힐 겸 해운대로 향했다.

바닷바람과 소금 내음이 상큼하여 한결 기분이 좋아졌다. 그렇게 해수욕장에 북적대는 사람 사이로 거닐며, 반곡선의 백사장을 돌아 동백섬에 올랐을 때였다. 그는 깜짝 놀랐다. 저 멀리 굽어진 비탈길에 한 처녀가 긴 머리를 바람에 날리며 바다를 바라보는 모습이 어제 그 여자와 똑같았기 때문이다.

'그렇다! 그 아가씨가 틀림없다!'

서둘러 그녀가 있는 곳으로 발길을 옮겼다. 옷도 어제 입은 옷 그대로였다. 그녀를 당장 붙잡아야겠다는 조급한 마음에 빠른 걸음으로 달릴 듯이 가다가 생각했다.

'서두르면 안 된다. 어제와 같이 성급하다가 또 실수할지 모른다.'

속도를 늦추며 주변을 둘러보았다. 몇몇 사람들과 연인들이 산책을 즐기고 있었다. 그녀와 관련된 사람은 없는 듯 보였다.

그렇게 얼마가 지났을까? 그녀가 걸음을 옮기기 시작했다. 그가 서 있는 반대 방향인 시내 쪽이었다. 그는 재빨리 뒤쫓았다. 그렇게 한참을 뒤쫓다가, 이제 더 이상 머뭇거릴 수 없었다. 뒤를 바짝 따라서 그녀를 불러 세웠다.

"이봐요! 아가씨, 잠깐만!"

그녀는 걸음을 멈추고 뒤를 보았다. 처음에 약간 당황하는 것 같더니, 이내 아무 일 없다는 듯 싱긋이 웃으며 말했다.

"아, 아저씨! 여기서 또 만나네."

너무도 태연한 모습에 그가 오히려 당황스러울 지경이었다. 그는 화가 잔뜩 나서 목소리를 높였다.

"이봐요! 당신, 왜 그 가방을 내게 맡기고 도망갔소?"

"……."

그녀는 말이 없었다. 고개를 떨어뜨리고 마냥 서 있기만 했다. 그는 한 발 더 앞으로 다가서며 소리 높여 말했다.

"말해 보시오! 왜 가방 버리고 도망갔는지를 말이요. 이유가 있을 것 아니요?"

그녀는 안으로 기어드는 소리로 겨우 대답했다.

"죄송합니다."

"죄송하다면 다요? 그 가방 속에 무엇이 들어 있는지 나는 다 보았소. 당신 입으로 말해 보시오!"

따지듯 대드는 그의 말에 그녀는 어깨를 들먹이며 흐느끼고 있었다. 지나가던 사람들이 힐끗힐끗 쳐다보았다. 더 이상 그곳에 있을 수 없었다.

그녀를 데리고 가까이에 있는 음식점 홀 안쪽 방으로 들어갔다. 먹을 것을 시키고, 그녀가 입을 열 때까지 기다렸다. 한동안 수심에 잠기며 고개 숙이고 있던 그녀가 조용히 입을 열었다.

"그 가방은 제 것이 아니에요."

"네에?"

이 무슨 뚱딴지같은 말이 있나.

"그럼, 누구의 것이란 말이오?"

그녀는 머뭇거리다가,

"그냥 시키는 대로 했을 뿐이에요. 돈을 준다기에."

"그 사람 누굽니까?"

고개 숙이고 있던 그녀는 한결 부드러워진 그의 표정에 용기를 얻었던지, 그제야 자신에 대한 이야기를 간략히 했다.

그녀의 고향은 경기도 안성이었다. 어려서 아버지를 여의고 홀어머니와 어린 동생들과 어렵게 살았다. 공부는 잘 했으나 가정 형편이 어려워 중학교에 진학하지 못했다. 열네 살 되던 해 그러니까 초등학교를 졸업하고 서울 근교의 섬유공장에 취직하여 야학을 다니며 열심히 공부도 하고, 돈을 벌어 가정에 보탬이 되었다.

몇 년이 지나 공장 부장의 소개로 시내 제과점 점원으로 일하게 되었는데, 그 제과점이 부도가 나는 바람에 그녀는 갈 데가 없었다. 그때, 제과점을 단골로 드나드는 한 부잣집 아주머니가 그녀를 딸처럼 여기고 가정일을 맡겼다. 그 아주머니의 집에서 따뜻한 정을 받으며 행복한 생활을 하였다. 그런데 그 집 아저씨는 한 달에 몇 번 집에 들어오는데, 그것도 밤에만 오는 것이었다. 중국과 동남아에 무역을 하여 바빠서 그렇다는 것이었다.

그러던 어느 날부터 아저씨가 그녀에게 심부름을 시켰다. 그것은 서울에서 부산, 부산에서 서울로 가방을 전달해 주는 일이었다. 그 일을 한 달에 몇 번을 했는데, 그렇게 어려운 일도 아니고 돈을 많이 벌 수 있어 시키는 대로 했을 뿐이었다. 그녀는 가방에 무엇이 들어 있는지도 몰랐다. 어제도 가방을 전해 주려 하는데, 갑자기 받으러 온 사람이 나타나 가방을 열차에 두고 내리라는 것이었다. 그녀는 시키는 대로 할 수밖에 없었다.

이야기를 다 들은 그가 말했다.

"그 가방에 무엇이 들어 있었는지 아십니까?"

그녀는 고개를 설레설레 흔들며 대답했다.

"모르지만 시계나 보석, 액세서리 같은 거."

그녀는 사업 물품으로 알고 있었다. 아무것도 모르는 것이 분명했다.

"그 가방 속에는…."

그는 잠깐 말을 멈추었다가, 밖을 응시하며 소리를 한껏 낮춰 말했다.

"갓난아기의 시체가 들어 있었습니다."

"네~에! 뭐라고요!"

그녀는 눈을 똥그랗게 뜨며 몹시 놀라워했다.

"그런데, 그 가방 잃어버렸어요. 누가 훔쳐 갔는지 없어졌어요."

"네~에엣, 아~아!"

그녀는 더욱 놀라워하며 두 손으로 얼굴을 가렸다. 그때, 문밖에 인기척이 있었다.

"쉿! 조용~."

그는 검지를 입술에 대며 나직이 말했다. 두 사람은 긴장을 하며 밖을 주시하였다. 그녀는 무서워하며 그의 곁으로 바짝 다가앉았다.

그곳에 홀 서빙을 하는 젊은 여자가 빼꼼히 열린 문 틈새로 얼굴을 보이고 살며시 웃으며 말했다.

"뭐 시킬 것 없나예, 있으면 말 하이소."
하고는 괜스레 멋쩍은 표정을 지으며 주방을 향해 걸어갔다.

그녀와 헤어져 여관으로 돌아온 그는 어제보다 더 많은 의혹 속에 머리가 더 복잡해졌다.
'그녀가 그렇게 여러 번 전해 준 가방에 무엇이 들어있었는가? 어제의 것처럼 망측스런 그런 것이란 말인가? 아니면 그녀의 말처럼 시계나 보석 같은…, 아니! 밀수품?'
도대체 의혹만 불거지는 이 일을, 도무지 어떻게 해야 할지 알 수 없었다.
'그건 그렇고, 그 신문에 싸여 있던 것은 정말 아기의 시체였을까? 그것도 확실히 모를 일이다. 그냥 벗겨진 신문지에 머리통 같은 것이 희끗 보였을 뿐.'
그는 그때 침착하지 못하고, 분명하게 그 물체를 확인해 보지 못한 것이 후회스러웠다.
'그래. 내가 잘못 보았는지도 모른다. 인형인지도 모른다.'
그는 혼란스러워 머리를 움켜쥐고 앞으로 이 일을 어떻게 해야 하나 생각했다. 그때, 전화벨이 울렸다. 그는 후다닥 일어나 수화기를 들었다. 카운터에서 전화가 왔으니 받아보라고 했다. 그녀에게 온 전화였다.
"선생님이세요? 저, 혼자 무서워요."
목소리가 가냘프게 떨렸다. 그녀는 가방 속 이야기 때문에 무서워하고 있었다.
"문을 꼭 걸어 잠그고 자도록 해요."
더 이상 할 말이 없었다.

"선생님, 무서워요. 도와주세요."

"……."

그녀가 너무 가련하고 불쌍하게 여겨졌다. 그는 이 밤중에 어떻게 해야 할지 몰랐다. 수화기를 내려놓고 방 가운데 뻗어 버렸다. 피로가 한꺼번에 몰려왔다. 어느새 눈이 감겨 잠깐 잠이 들었는데 또 전화가 왔다.

"선생님, 무서워요. 누가 문을 두드리고 있어요. 도와주세요. 선생님!"

그리고는 전화가 뚝 끊어졌다.

'무슨 일이 생겼구나! 이대로 있어서 안 된다.'

그는 급히 밖으로 나와 택시를 잡아타고 그녀가 있는 여관으로 달려갔다. 계단으로 오를 때 다리가 후들거렸다. 방문은 열려 있고 불이 환히 켜진 방에 그녀는 없고, 화장대의 소지품들이 방바닥에 흩어져 있었다.

'납치? 납치된 것이 분명하다!'

무서운 느낌에 머리카락이 쭈뼛 섰다.

'경찰에 신고해야 된다. 빨리!'

급히 카운터와 연결된 수화기를 들었다. 그때였다. 커튼 뒤에 검은 그림자가 어른거리더니, 순식간에 한 사나이가 나타나 잽싸게 그의 코와 입에 수건을 눌렀다. 그는 정신을 잃고 쓰러졌다.

그가 정신을 차렸을 때는 입이 틀어 막히고 손발은 꽁꽁 묶여 있었다. 사방은 온통 어두울 뿐, 아무도 없는 것 같았다. 머리가 무직하고 지끈지끈 쑤셨다. 쓰러진 후 전혀 기억을 할 수 없었다.

'도대체 여기가 어디란 말인가? 그녀는 또 어떻게 되었는지? 어쩌다 이 지경이 되었나? 정말, 이 꼴이 뭐냐 말이다.'

그렇게 어두운 공간을 두리번거리고 있을 때, 저쪽 한구석에서 가늘게 여자의 신음 소리가 들렸다. 그는 귀를 곤두세우며, 어두움 속으로 그곳을 바라보았다. 처음에는 아무 것도 보이지 않다가 차츰 무언가 보이기 시작했다. 뚜렷하지는 않았지만, 긴 머리에 여자가 틀림없었다.

'그렇구나! 그녀도 이곳에 끌려왔구나!'

날이 새는지 밖으로부터 점점 밝아 왔다. 그제야 그는 구석진 자리에 묶여 있는 그녀를 볼 수 있었다. 그녀는 괴로운 듯 계속 끙끙대고 있었다.

그렇게 어둡지 않은 것을 보면, 갇힌 곳이 반지하실 같았다. 위층으로 오르는 계단이 있고 방 가운데 낡은 탁자와 몇 개의 의자, 그리고 구석에 잡다한 것들이 여기저기 어지럽게 널려 있었다.

얼마쯤 지났을까? 좁은 창틈으로 햇볕이 비쳐 왔다.

그때였다. 계단 쪽에서 발자국 소리가 들렸다. '덜커덩' 문이 열리고 두 남자가 내려오고 있었다. 한 사람은 서른이 갓 넘어 보이는 체격이 건장한 청년이었고, 또 한 사람은 꽤 나이가 들어 희끗희끗한 머리에 70은 넘어 보였다.

청년의 손에 비닐봉지가 들려있었다. 그것을 탁자 위에 놓고, 가까이 다가와 묶여 있는 손과 발을 풀어 주었다.

순간,

'이때다! 이들을 제압하고 도망쳐야겠다!'

그러고 싶은 마음은 꿀떡 같은데, 그러나 그러지 못했다.

'나만 도망가면, 저 여자는 어떡하나?'

그리고 무엇 때문인지 머리가 지끈거리고 맥이 탁 풀려, 도저히 힘을 낼 수 없었다. 평소에 태권도, 권투, 택견으로 단련한 그였지만, 옆에 있는 청년이 너무 강해 보였다.

더 이상 어떻게 해야 할지 몰라 머뭇거리고 있는데, 청년이 굵고 낮은 목소리로 입을 열었다.

"우리는 나쁜 사람들 아닙니다. 당신들이 오해하고 있기 때문에, 그 오해를 풀어드리려고 이런 방법을 쓴 것뿐입니다."

정말 그들은 나쁜 사람 같아 보이지 않았다. 하지만 그들이 의심스러웠다. 이상한 사람들이라 생각했고 여러 정황으로 보아 심상치 않음을 느꼈다.

청년이 탁자 위의 봉지에 빵과 우유와 물을 꺼냈다. 정말 뭐가 뭔지 몰랐다. 옆에 멀거니 서 있던 그녀도 도대체 무슨 영문인지 모르는 듯, 힐끗힐끗 번갈아 바라볼 뿐이었다.

그는 그들을 똑바로 쳐다보고 말했다.

"당신들이 나쁜 사람이 아니라는 것을 믿을 수 없어요."

이 말을 하니 더욱 화가 치밀어 올라, 목소리를 높여 따져댔다.

"그리고 우리가 무엇을 오해하고 있단 말이오!"

"조금 있으면 알게 될 겁니다. 그렇게 화내지 말고 자, 이것 들어요."

나이 많은 사람이 부드럽게 말하며 음식을 권했다. 그들의 꾸밈없는 말과 행동에 조금은 안심이 되었다. 그러나 그는 어떻게 처신해야 옳을지 몰랐다. 그녀도 머뭇머뭇하며 그의 행동만 주시하고 있었다.

'어쩌랴, 마냥 이렇게 있을 수도 없으니.'

그는 용기를 내었다. 그 상황에 어쩔 수 없었다. 안심하는 눈빛으로 그녀를 바라보며, 의자를 당겨 앉으라는 시늉을 했다. 속을 채우면 두통이 좀 가라앉을 것 같았다. 둘은 나란히 앉아 빵과 우유를 먹었다. 그녀는 입맛이 없는지 얼마 먹지 못했다. 음식을 다 먹자 청년이 말했다.
"선생, 선생이 들고 갔던 그 가방 속에 무엇을 보았습니까?"
"내 입으로 말해야 합니까? 당신들이 더 잘 알 텐데요."
나이 든 사람이 지긋이 그를 바라보며 말했다.
"글쎄. 무엇을 보았는지, 말해 보시지 그러네."
"꼭 내 입으로 말을 해야만 합니까? 그래 좋아요. 말하지요. 그 가방에는 갓난아기의 시체가 들어 있었습니다."
"풋하핫! 하하하하."
그 말이 떨어지자마자 그들은 동시에 큰 소리로 웃었다. 둘은 도무지 영문을 몰랐다.
"선생, 그걸 그렇게 보셨다니 정말 우습지 않을 수 없구려. 이제 오해를 풀어 드리겠으니 따라오시구려."

그들과 함께 지하실 밖으로 나왔다. 그곳은 바다 가까이에 있는 넓은 별장이었다. 현관문 앞에 두 사람이 기다리고 있었다. 그녀가 알아보고 가볍게 목례하는, 가방을 받으러 온 사람과 열차에서 보았던 그 색안경의 아저씨, 안경을 벗고 있어 긴가민가했지만 그 사람이 틀림없었다. 그들이 응접실로 안내했다.
응접실 안쪽 구석에 그 문제의 가방이 놓여 있었다.
"가방을 열어 보시죠."
색안경의 아저씨가 가방을 끌어 탁자에 올리며 말했다. 그는 얼른 가방을 열었다. 검은 비닐에 덮여 있고 신문지에 싸여 있는 것이 어제 보았던 그대로였다. 그는 비닐과 신문지를 벗겼다. 그제야 그 물체를 자세히 볼 수 있었다. 그것은 다름 아닌 큼직한 인형이었다. 그런데, 그 무게가 그전보다 훨씬 가벼웠다.

"무슨 인형을 이렇게 꽁꽁 싸두나?"

그는 고개를 갸우뚱하며, 웃고 있는 그들을 바라보았다. 정말 그들은 나쁜 사람들 같지 않았고, 장사를 하고 무역하는 사람들 같았다.

'그렇다면 얼마나 다행인가!'

하지만 그들에게 무슨 꿍꿍이가 있는 것이 분명했다. 가짜 시계와 위조 보석, 모조품이 그랬다.

'저 색안경 아저씨, 우리를 미행한 게 확실해. 그렇다면 이들은 무슨 일? 그래, 밀수가 틀림없어.'

지금까지 일어난 일을 돌이켜 봐도 의심할 여지가 없었지만, 제발 그런 범죄가 아니기를 간절히 바랄 뿐이었다.

'무엇이 어쨌든, 문제는 해결되겠지.'

다른 도리가 없었다. 그들은 우리가 오해하고 있다 하고, 그래서 그렇게 나쁜 사람들 같아 보이지 않았으며, 더구나 그녀와 관련된 일이라 그런 큰 범죄 사건에 연루되어 있다는 것은, 생각조차 하고 싶지 않았다.

맑은 날이 있으면 흐린 날도 있는 법, 인생은 그렇게 맑다 흐리고, 비 오다 개는 날이 교차되는 세월을 살아가는 것이다.

그가 형사에게 체포된 것은 그로부터 사흘 뒤였다. 그녀와 같이 영도 태종대, 해운대 동백섬, 송도 바다와 공원으로 다니며 즐겁게 지내다가 서울로 돌아가려는 바로 전날 밤이었다.

그는 동남아와 홍콩에서 들어오는, 밀수 중에도 가장 악한 마약 밀수범

조직에 연루되어 경찰에 연행된 것이다. 운반책이 된 그녀는 징역 2년 6개월을 받았고, 그는 정상이 참작되어 금고 1년에 자격정지 1년, 집행유예 2년을 선고받고 풀려났다.

그 후 그는 서울에 가지 않고 부산항 부두에서 막노동을 하며, 매주 빠지지 않고 그녀에게 면회를 갔던 것이다.

    봄비 내리니 나날이 따뜻하여
    고운 님 오솔길 꽃잎이 화사한데,
    가을비 내리니 갈수록 싸늘하여
    서러운 님 시린 가슴 가랑잎만 날리네.

이야기를 다 끝낸 그는 쓴웃음을 지으며 나에게 말했다.
"자네는 어떻게 생각하나? 나는 그녀를 모른 체할 수 없어."
"가족들의 반대가 심할 텐데."
"집에서는 절대 안 된다고 하지. 하지만 나도 절대, 된다고 말하고 있어. 결혼까지 염두에 두고 있는데, 어떻게 생각하나?"
"……."
나는 더 이상 아무 말도 할 수 없었다. 그의 말이 너무나 단호했기 때문에 무슨 말이 그에게 들리겠는가. 모든 일이 이미 정해진 것이라면 받아들일 수밖에 없지 않은가 말이다.

귀뚜라미 소리에 깊어 가는 이 한밤, 그는 무슨 꿈을 꾸고 있는지 잠꼬대를 하고 있었다.

희뿌연 안개 속에 하얀 배가 보인다.

출렁이는 파도는 뱃전에 부딪히고 떠나는 님 눈망울에 이슬이 맺힌다. 처량한 고동 소리에 이물의 닻이 오르면 갈매기 끼룩끼룩 서럽고 슬프구나.

슬픈 베아트리체의 애처로운 사랑 노래 눈물 젖은 손수건에 휩싸여 들려오고 맨발의 이사도라의 얇은 베옷 춤사위 갑판 위에 외로운 그림자로 하늘댄다.

이별의 항구에 연락선은 떠나고 삼베 조각 고물 깃발 하염없이 나부낀다. 푸른 물결 헤치고 떠나가는 하얀 배야, 정든 사람 그리운 님 어이 두고 홀로 가나.

세월이 물이고 물이 세월이라 그렇게 무심하게도 흐르기만 하는 것을, 고난의 인생길에도 희망의 노래는 들린다.

살랑이며 부는 바람에 물안개 흩어지고 높푸른 하늘가에 뭉게구름 피어난다. 꽃나비는 꽃동산에 너울너울 춤을 추고 옹달샘 꾀꼬리 펄펄 날아 정답구나!

나는 잠을 설치며 생각에 잠기어 친구의 이야기를 되짚어 보았다. 이 묘한 인연을 어떻게 이해해야 할지, 나로서는 도무지 알 수가 없다.

날 때부터 타고난 운명은 있는가? 인간으로서 도저히 피할 수 없는 숙명이 있는가? 있다면 정말, 이 모든 것이 전지전능하신 그분의 권한에 달려 있는가? 그렇다면 인간의 선택은 어디까지인가? 사람의 뜻대로 되는 것은 무엇이며, 허용되는 것은 진정 선한 것인가?

내 마음은 저 하늘에 있고 몸은 이 땅에 있으니, 영의 법과 죄와 사망의 법이 서로 다투고 있구나! 탄식하도다. 이 몹쓸 심사여! "…하늘을 우러러 한 점 부끄럼이 없기를, 잎새에 이는 바람에도 괴로워했다"는 시인의 말이 진실로 아름답고 구별되어 보이는구나!

이튿날 친구는 부산으로 갔다. 수감생활을 모범으로 한 그녀가 감형을 받아 곧 출감하게 될 거라며, 아이처럼 순진한 모습으로 밝게 웃으며 떠났다. 이날따라 유난히 맑고 푸른 가을하늘, 산비둘기 짝을 지어 날고 산마루에 걸려 있는 하얀 뭉게구름이 참 곱고 아름답다. 그렇게 온통 맑디맑은 하늘을 바라보며, 나는 친구가 떠나면서 한 말을 깊이 생각하였다.

"향기가 적은 꽃은 있어도 향기 없는 꽃은 없더라. 잘 가꾸면 다 아름다운 향기를 내지."

그로부터 6개월이 지나 친구에게 한 통의 편지가 왔다. 결혼한다는 청첩장이었다. 그리고 학교에 복직되었다는 소식도 함께 전해 왔다. 또 수감생활 중 복음을 듣고 기독교인이 된 그녀와 같이 신앙생활도 열심히 한다고 했다.

그 후 1년이 지나, 친구의 아내가 Y대학 사회복지학과에 입학했다는 소식도 들려왔다.

나는 친구의 아름다운 인연에 우리의 멋과 끈끈한 정, 애정의 강이 흐르는 그늘을 생각하였다. 사랑은 너무나 귀한 것이다. 사랑이 없으면 모든 것이 헛될 뿐이다.

누가 말했는가. "사랑은 죽음 같이 강하다"고 사람은 사랑에 살고, 사랑을 위해 살다가 사랑 위해 죽는다.

　결혼을 앞두고 있는 나도, 사귀고 있는 연인이 평생 함께할 인연인지? 집안사람들의 반대에도 기어코 결혼하겠다는 나의 선택이 진정 옳은 것인지? 지금은 도무지 알 수 없는 일이다.

　모든 것은 시간이 지나 봐야 알겠지만 어려운 일이 닥쳐올지라도 실망하지 말아야 할 것은, 세상만사가 새옹지마(塞翁之馬)가 아닌가 말이다. 이 세상은 길흉화복의 변화가 많아 늘 예측 불가능하다. 그래서 고난을 받아들이는 자세와 그 고난을 어떻게 극복해 나가는가 그것이 문제다. 또한 지금 이 시간을 얼마나 잘 활용하는가, 맡겨진 사명에 얼마나 긍정으로 살아가는가, 그래서 얼마나 행복한가. 그것이 중요하다.

　누가 말했던가. "행복은 자유에 있고 자유는 용기에 있다. 정원의 꽃을 꺾을 자유가 아니라 가꿀 자유가 필요하다."

　이제 계절이 지나, 보도 위에 나뭇잎 쌓이고 가로수 앙상한 가지에 마지막 잎새가 하늘거린다. 지난해는 겨울 추위가 엄청 심했는데, 올겨울은 좀 따뜻하고 눈도 알맞게 내렸으면 좋겠다. 그렇게 매서운 추위, 북풍한설 같은 어렵고 힘든 일들은 다 지나가고, 이웃과 함께 온정을 나누는 따뜻하고 화사한 봄이 언제까지나 우리의 삶 속에 있기를 기대해 본다.

어느 초여름 밤에 생긴 일
(내가 본 것이 유령이었을까)[6]

내가 고등학교 3학년이던 유월 초여름 어느 날 일어난 일이다. 경주역에서 저녁 아홉 시에 출발하는 두 번째 늦은 통학 열차를 타고 양동역에 도착하니 밤 10시가 넘었던 것으로 생각된다. 시계가 없었기 때문에(그때는 모두 가난해서 시계를 끼고 다니는 학생이 거의 없었으니) 몇 시인지 정확히는 알 수 없었지만 그 당시 경주역에서 양동역까지 걸리는 시간이 약 1시간이었으니까 어림잡아 10시는 넘었으리라.

그날 오후 다섯 시에 수업이 끝나고 3학년이 되어서 늘 그랬던 것처럼 친구들과 학교에서 공부하느라 늦게 집으로 오게 되었는데, 그믐이 가까운 날이었었던지 밖은 어두워 깜깜하기 그지없었고 양동역에 내리니 내리는 사람은 나 혼자밖에 없었다.

'오늘도 혼자 집까지 가야 하는구나.'

그렇게 생각하며 몇 발자국 가는데 뒤에서 다급한 여자아이 목소리가 들렸다.

"도와주세요, 도와주세요!"

울면서 애원하듯 들리는 소리에 놀라서 걸음을 멈추고 돌아보니 그 어둠 속에서 어떤 여자애가 혼자 울고 있지 않는가!

"도와주세요, 제가 안강역에 내려야 하는데 깜박 잠이 들어서 역을 지나쳐 여기에 내렸어요. 도와주세요."

난감한 일이 아닐 수 없었다.

---

[6] 이 이야기는 작가의 맏형이 50년 전의 일을 기억하며 e-mail로 보낸 것을 편집, 정리한 글이다.

'아, 이거 야단났군. 집까지 걸어서 1시간 가까이 걸리고, 안강에 갔다 오면 빨라도 자정이 훨씬 넘어야 집에 도착하겠는데, 밥도 먹어야 하고 빨리 쉬어야 내일도 새벽같이 일어나 통학 열차를 타고 등교할 수 있는데 어떡하지?'

"도와주세요, 제발 부탁드립니다. 도와주세요."

어둠 속에서 울며 애원하는 그 모습을 보고 못 본 체할 수가 없었다.

'그래, 아무리 내 형편이 그래도 혼자 어쩔 줄 몰라 하는 저 여린 여자를 두고 그냥 갈 수는 없지. 아무도 없는 이 밤중에 어찌하나. 저 애가 불쌍하지 않은가!'

그래서 도와주기로 마음먹고 그 여자아이에게 가까이 갔다.

"어쩌다가 이렇게 되었니?"

"너무 피곤해서 깜박 잠이 들었어요."

그 여자애는 부들부들 떨면서 어쩔 줄 몰라 하며 울고 있었다. 양동역에서 안강읍으로 가는 길은 두 가지 방법이 있다. 먼저 차도였다. 차도는 들길로 난 신작로로 편하게 갈 수 있는 길인데 그날따라 2, 3일간 많은 비가 내려, 형산강으로 흐르는 기계천 하류에 콘크리트로 된 낮은 다리(사람들은 그 다리를 납닥공굴이라 했다)가 잠겨 그 길로는 가지 못할 것이 뻔했다. 그래도 혹시나 하여 직접 가서 확인해 보려고 여자애를 데리고 가 보니, 물은 이미 넘쳐 세차게 흐르고 도저히 건널 수가 없었다. 하는 수 없이 철길을 따라가야 했고 위험하지만 두 개의 철교를 건널 수밖에 없었다. 걸으면서 대화를 나눴다.

"너, 어느 학교 몇 학년이니?"

"경주여중 2학년이어요."

"그럼 너, 종숙이 아니?" 종숙이는 나와 한 마을에 사는 열촌 여동생이었다.

"네, 잘 알아요. 바로 옆 반에…. 1학년 때 같은 반이었어요."

어둠 속에서 그 애의 눈동자가 반짝였다. 그도 그럴 것이 너무도 무서운 캄캄한 밤중에 친구의 오빠를 만났으니, 구세주를 만난 것과 다름이 없었다. 그 여자애는 안강 5리 양월 가까이에 살고 있는 손순필이라고 했다.

철교 앞에 도착하여 철로 아래 빈 공간에 내 책가방을 놓아두고 그 애를 등에 업고 한 발 한 발 침목을 밟으며 다리를 건넜다. 잘못하다가 발을 헛디디면 낭떠러지로 떨어져 강물에 휩쓸리고 만다.

이 철교는 초등학교 5학년 때 친구들과 처음 건넜고 그 후 여러 번 다니기도 했지만, 다 알다시피 환한 대낮에도 건너기 힘든데 깜깜한 밤인데다 다리 밑에는 요란한 물소리가 들리고 너무나 긴장되어 다리는 후들거리고, 등에 업은 아이는 점점 무거워지고 배는 고프고 아찔한 위험 속에 온몸의 땀은 범벅이 되고 정말 어렵고 힘든 고생은 말로 다할 수 없었다. 그렇게 혼신의 힘을 다해 겨우 다리를 건너서 여자애를 내려놓고 한숨을 돌렸다.

"휴우, 힘들다."

"죄송합니다. 저 때문에…."

"뭐, 어쩔 수 없는 일이죠."

"이 은혜를 어떻게 갚아야 할지."

"………."

더 이상 할 말이 없었다. 그렇게 잠시 쉬었다가 다시 철길을 따라 걸었다. 한참을 가서 이번에는 소평 들을 가로지르는 작은 시내 다리에 도착했다. 다시 그 애를 들쳐 업고 철교를 건넜다. 거리는 짧았지만 허기진 배에 다리는 더욱 후들거렸다. 조심조심 겨우 건너서 다시 철길을 따라 안강으로 들어가는 입구에 도착했다. 그 아이의 집까지 데려 주어야 하는데 내가 돌아가야 하는 길이 바쁘고 안강중학교 앞의 전깃불도 훤하고 해서 그 아이에게 말했다,

"너 혼자 집에 갈 수 있겠니?"

"네, 이제 갈 수 있어요. 감사합니다."

그 애는 깍듯이 인사하고 빠르게 걸음을 옮겼다.

"그래, 조심해서 잘 가거라."

"네, 감사합니다. 감사합니다."

그 애는 뒤돌아서서 다시 한 번 깍듯이 인사를 하고 종종걸음으로 가로등 길로 멀어져 갔다. 이제 나는 다시 왔던 길을 되돌아 집으로 가야 한다. 밤은 더욱 깊어 가고 갈 길은 멀어 걸음을 빨리하여 작은 다리를 건너고 또 큰 다리까지 와서 조심조심 침목을 디디면서 철교를 건넜다. 그런데 다리 중간쯤 왔을 때였다. 몇 걸음 앞에서 갑자기 흰 물체가 나타났다. 나는 기겁을 하여 앞을 자세히 보았다.

'이 밤중에 저게 뭐지? 사람인가. 유령인가?'

"누구세요?"

대답이 없었다. 하얀 두루마기를 입은 남자가 내 앞으로 점점 가까이 와서 아무런 말도 없이 내 옆을 스치듯 지나가고 있었다. 순간 너무나 놀란 나는 무서워 그 자리에 얼어붙은 자세로 서고 말았다. 그리고 지나가는 그 사람의 뒤를 향해 크게 고함을 쳤다.

"누구세요? 누구세요!"

하지만 그 사람은 아무런 말도 없이 서서히 다리를 건너고 있었다. 나는 몇 번이고 누구세요? 누구세요? 하고 불러 보았지만 그 사람은 아무 대답도 없이 안강읍 쪽으로 사라져 갔다.

등줄기는 땀으로 흠뻑 젖었는데 서늘한 기운이 온몸을 두르고 두려움과 무서움에 머리카락이 쭈뼛쭈뼛 섰다. 혼비백산하여 다리를 어떻게 건넜는지도 몰랐다. 건너자마자 먼저 다리 아래 빈 공간에 둔 책가방을 찾아 가방 안을 확인했다. 그 안에 둔 지갑에 돈이 있는지 혹시 그 사람이 가져가지나 않았을까 해서였다. 책이랑 지갑은 그대로였다.

"휴우~"

한숨을 길게 내쉬고 땀을 닦으며 그 사람이 사라진 쪽을 바라보았다. 어두움은 더욱 깊어 가고 물 흐르는 소리만 들릴 뿐이었다.

'빨리 집으로 가야지.'

배는 고프고 땀은 흐르고 가방은 무겁고 아직도 가야 할 길은 많은데, 낙산마을까지는 그래도 사람들이 살고 있는 곳이라 그렇게 무섭지 않았으나 그 마을이 끝나고 다시 산 밑 자갈길을 따라 3km도 넘는 길은, 늘 그랬듯이 그 길을 혼자서 수없이 다녔지만 흰옷 입은 그 사람을 본 후 두려운 공포가 역습해 오는데 그날 밤만큼 무서웠던 적은 없었다.

6.25사변 때 치열한 낙동강, 포항 전투 시기 형산강, 안강전투에 죽은 인민군과 아군 병사들의 해골에서 발산하는 시퍼런 인불이 떠다니는 길, 경주 아카데미 극장에서 상영한 피터 쿠싱 크리스토퍼 리가 주연했던 공포영화 "흡혈귀 드라큘라"를 보고도 혼자서 밤 10시가 넘어서 다녔던 그

길, 내가 중학교 3학년 때 경주고등학교 3학년에 다니다가 그 당시 유행하던 장질부사로 죽은, 내가 좋아하던 안서욱 댁 병락 형의 무덤이 있는 그 길이, 그날따라 어찌나 무섭고 두렵던지 정말 힘들었다.

옛날부터 혼자서 잘도 다녔던 길인데, 초등학교 6학년 때 교무실 옆에 교장실이 있고 그 옆 도서실이 있었는데 그때만 해도 구하기 힘들었던 알리바바와 40인의 도둑이라든지 소공자, 소공녀, 로빈슨 크루소 같은 소년소녀 전집과 어린이 월간지 새 벗 등 그런 책들을 보다가 늦어서 혼자 학교를 나설 때는 해는 서산을 넘어가고 날이 저물어 집에 도착하면 어두컴컴할 때도 무섭지 않았는데 말이다.

기진맥진하여 집에 도착하니 새벽 1시가 넘었었다. 어머니와 아버지는 학교 간 아이가 자정이 넘어서도 오지 않으니 큰 걱정을 하고 계셨다. 늦은 저녁을 먹으면서 자초지종을 말씀드리니 다른 사람을 도와주는 좋은 일을 하긴 했지만 그런 어렵고 위험한 일을 하리라고는 꿈에도 생각하지 못했다고 말씀하셨다.

다음날 통학 열차 안에서 그 여학생과 여학생 언니(근화여고 2학년인가)가 학용품을 한 보따리 사 들고 나를 찾아와 정말 너무 고맙다고 인사를 했다. 나는 누구라도 그 형편이 되면 도와 줄 것이라고 말하면서 그 학용품을 받지 않았다.

그 후 나는 누구에게도 말하지 않았는데, 그 이야기가 퍼져서 경주여고에 다니는 초등학교 동기생들(손익화, 이원록, 이영숙, 손영애, 오청자 그리고 또 몇몇)이 어디서 그 얘기를 듣고 나를 찾아와서 너 정말 좋은 일을 했더라 하면서 말을 건넸는데, 나는 그 당시 숫기가 없어서 그저 부끄러

왔을 뿐이었다.

그 후 2개월이 지나 여름방학이 끝나고 개학하여 통학 열차를 타고 오던 어느 날, 그날도 저녁 늦게 양동역에 도착하니 이미 어둠은 짙어져 이슬비가 부슬부슬 내리고 있었다. 역시 나 혼자 낙산을 지나 집으로 오는 길 중간쯤 왔을 때였다. 나는 그 자리에 우뚝 멈춰 서고 말았다.

아, 또 내 앞에 흰 물체가 나타난 것이 아닌가! 그리고 전에 본 것과 똑같이 흰 두루마기를 입은 그 사람이 내 옆을 스치고 지나갔다.

나는 전과 마찬가지로 돌아서서 누구세요? 누구세요? 하고 고함을 쳤지만 그 사람은 아무 말 없이 낙산 쪽으로 사라져 갔다. 나는 너무나 놀라고 무서워 그 자리에 얼어붙어 걸음을 뗄 수가 없었다. 다리가 후들거리고 최고조의 긴장 속에 머리칼이 곤두섰다. 그 당시에 결혼한 남자들의 평상복이 바지저고리였고 외출할 때는 보통 두루마기를 입었었다.

지금도 생각하면 그때 내가 본 것이 유령이었을까? 허깨비를 본 것일까? 도깨비를 본 것일까? 아니면 그 사람도 나처럼 너무나 놀란 나머지 아무 말도 하지 못하고 그냥 지나간 것일까? 자문해 보지만 도무지 알 길이 없다.

그때 고등학교 3학년 청년이었던 나는 상당히 담력이 있다고 생각했다. 담력이 없으면 혼자서 밤길을 그렇게 다닐 수가 없다. 그 후에도 밤에 혼자 산길을 다니기도 했는데, 낙산을 넘어 놉방골로 가는 길 무덤 옆을 지나기도 했다.

소가 아닌 이상 누가 밤중에 무덤을 좋아하겠는가. 소는 밤에 길을 잃으면 꼭 무덤 옆에서 잔다. 소도 사람처럼 밤을 무서워하는데, 소가 길을 잃으면 언제나 무덤 옆에 누워 밤을 보낸다. 옛날에 어른들은 소가 사람의 영혼을 만나서 무덤 옆에서 쉰다고 했다.

그때는 시골에 여름날 오후가 되면 소를 방목하는데, 산으로 올려 풀을 먹게 했다. 마을 소 전부를 산에 올리는데 우리 마을에 소를 방목하는 장소가 윗마을 네 곳, 아랫마을 두 곳이 있었다. 윗마을은 큰골과 호롱골과 북산 서원 모과당 뒷골과 부영골이었고 아랫마을은 놉방골과 물뱅이를 지나 사자봉 꼬리 공동산에 방목하였다.

때로는 윗마을과 아랫마을 소들이 골짜기 위로 올라 산등성이에서 만나 섞여 놀기도 하고 싸우기도 했다.

해가 지기 전에 소를 찾으러 가면 소들이 거의 한곳에 모여 있고 해 질 무렵이 되면 소가 마을로 내려와 자기 집을 찾아가는데, 가끔가다가 어떤 소는 길을 잃고 집을 찾지 못해 밤중까지 돌아오지 못하고 산속을 헤매는 경우가 있었다. 그래서 그날 소를 찾지 못하면 이튿날 찾기도 했는데 꼭 무덤 옆에 있었다.

사람은 누구나 밤중에는 무덤을 무서워한다.

옛날에 어떤 동네에 친구들이 모여 공동묘지 말뚝 박기 내기를 했는데, 담력이 아주 센 한 청년이 자신만만하게 나서서 공동묘지 한가운데로 갔는데 무덤 옆에 말뚝을 박는다는 것이 자기 두루마기에 말뚝을 박고 돌아서려다가 누가 옷자락을 붙잡는 줄 알고 까무러쳤다는 얘기가 있다.

내가 군에 있을 때 휴가를 나와 집에 오니 친구들이 까치골(작동鵲洞,

깐창골)에 있는 친구 집에 놀러 갔다고 해서 밤중에 시오리 산길을 걸어 까치골에 친구를 만난 적이 있다. 묘지가 즐비한 아주 무시무시한 산길이었다. 그런 길도 우리는 한밤중에도 무서워하지 않고 넘나들었다.

아무튼 그 이후로는 한 번도 밤중에 흰옷을 입은 사람은 나타나지 않았다. 나는 그때 본 것은 분명히 유령이 아니고 사람이었다고 생각한다. 한밤중이라 그 사람도 나처럼 어지간히 놀랐을 것이다. 그래서 아무 말도 하지 못하고 빨리 갈 길을 갔을 뿐 다른 이유나 사정이 있었던 것은 아니었을 것이다.

안개비 내리는 산장

"그날 이후 그 산골짜기 그 산장에 희뿌연 구름이 덮일 때마다 안개비가 내리고 흐느끼는 여인의 서글픈 울음소리가 들려왔다."

도쿄대학 2학년에 재학 중인 기무라 하야토(木村勇人)는 여름방학이 되어 친구 야마다 히비키(山田響音)의 소개로 가나가와현(神奈川県)에 있는 이토 타쿠미(伊藤拓美)의 별장에서 일하기 위해 짐을 꾸렸다. 짐이라야 일상 쓰는 생활용품과 읽을 책과 몇 벌의 옷들이었다. 가난한 가정에서 태어난 그는 내성적이었지만 그의 이름답게 민첩하고 용기 있는 성실한 청년이었다.

그의 친구 야마다 히비키는 성격이 온화하고 사귐성이 있어 사람을 잘 사귀고 어디서 들은 말이나 이야기를 잘 하는 편이라 별명이 이름에 걸맞은 산울림, 메아리였다. 히비키가 소개한 이토 타쿠미의 부친은 메이지유신(明治維新)의 서구화를 통한 근대화 산업을 할 때 성공한 사업가로 일본제국의 국력강화와 부국강병 정책에 이바지한 공로자였다. 그의 아버지가 이룬 사업을 이어받은 타쿠미도 기술과 재능이 뛰어나 침략을 일삼는 일제에 많은 군수물자를 지원하고 있었다.

이른 아침 집을 나선 하야토는 곧바로 타쿠미의 별장으로 향했다. 가나가와현 도심을 지나 산길로 접어드니 집들이 드문드문 있고 숲속의 새 소리와 졸졸 흐르는 실개천의 물소리만 들릴 뿐 조용하기 그지없었다. 산장은 도심에서 그리 멀지 않은 한적한 산골짜기 언덕배기에 있었다. 야마다 히비키가 먼저 와서 기다리고 있었다.

"어서 오게. 오느라 수고 많았네."

"어이, 친구 그동안 잘 지냈나? 초행이지만 길을 잘 가르쳐 줘서 쉽게 올 수 있었다네."

방학한 지 엊그제였지만 서로 반가웠다. 그때, 본채 대청마루에서 "어 어 흠!" 헛기침 소리가 들리더니 중년의 이토 타쿠미의 모습이 보였다.

"저 청년이 자네가 소개한 사람인가?"

"하이! 이토 상, 제 친구 하야토입니다."

소개받은 하야토는 타쿠미 상을 향해 깍듯이 인사를 했다.

"내가 해외에 나가 있는 동안 잘 부탁하네. 그리 오래 걸리지는 않을 거야. 하지만 한 달을 약속하세. 청소도 잘 부탁하네."

"하이! 이토 상, 열심히 하겠습니다."

그렇게 약속을 하고 그날부터 하야토는 한 달 동안 타쿠미의 별장지기가 되었다. 혼자서 생활하는 것이 하루하루 무료하고 지루하였지만, 그는 책을 읽고 공부도 하고 일기도 쓰며 나름대로 잘 보내고 있었다. 일기라야 매일 반복되는 일상이라 거의 짧게 메모하는 수준이었다.

산장에 온 지 한 주가 지났다. 그날은 새벽부터 구름이 끼고 흐리더니 아침이 되어 안개비가 부슬부슬 내리고 있었다. 라디오 방송에서는 태평양 전쟁에서 연합군이 도전해 와도 일본군이 승리하고 있다는 것과 내일까지 흐리고 비가 조금 내릴 것이라는 소식이었다. 하야토는 여느 때처럼 아침 식사를 하고 별장을 한 바퀴 돌아보고 책을 읽었다.

"일을 끝나고 집으로 돌아가려면 아직도 3주나 남았구나."

아무도 만나지 못하고 갇힌 몸과 다름없는 이 산중에, 그가 받을 보수는 충분하지 않지만 가난한 가정에 학비에 보탬이 된다고 생각하니 뿌듯하고 보람되었다.

점심 식후 하야토는 식곤증이 있어 잠깐 잠이 들었는데, 멀리서 어떤 여자의 목소리가 들렸다.

"쥐포 사세요. 오징어 사세요."

'아니, 이 외진 곳에 장사꾼이라니?'

그동안 한 번도 없던 일이었다. 도심에서 그리 멀지 않은 곳이지만 사람들이 드문드문 사는 골짜기라 보따리장수도 없었고, 산장에 식품을 배달하는 타쿠미 집 가정 일군이 며칠에 한 번 씩 왔다 가고 가끔 우편배달부가 와서 편지나 소포를 전달하였을 뿐, 장사꾼은 오지 않는 곳이었다.

"쥐포 사세요. 오징어 사세요."

하야토는 그 소리가 구수하게 들렸다. 안개비도 부슬부슬 내리고 군것질이 생각났다. 산장을 나와 소리가 나는 곳을 보았다. 얼마 멀지 않은 곳에 한 여자가 등짐을 지고 물건을 팔기 위해 산길을 돌고 있었다. 그는 손을 흔들며 소리쳤다.

"여보시오, 여기요. 여기!"

늙은 여인은 뒤돌아서 하야토를 보더니 산장으로 걸어왔다. 주름진 얼굴에 나이가 꽤 들어 보이는 그녀는 비에 젖어 흰 머리카락이 헝클어져 있고 지친 모습이 역력했다.

"어떻게 이 먼 곳까지?"

"물건을 다 팔아야지. 다니다 보니 그렇게 되었다네."

"아, 그랬군요. 많이 힘들어 보이는데 저기 가서 좀 쉬었다 가시지요."
"고맙네."

하야토는 노파를 자신이 거주하는 행랑채로 안내했다. 마루에 걸터앉은 그녀는 등짐을 내려놓고 한숨을 돌렸다.

"휴우~."
"물건은 좀 팔았나요?"
"많이 팔았지, 얼마 남지 않았어. 자네에게는 떨이로 싸게 팔아야지."

노파는 바로 짐 꾸러미를 풀어 안에 있는 마른 오징어와 쥐포를 꺼냈다. 싼 가격에 간식거리를 사게 된 하야토는 기분이 좋았다. 그녀에게 돈을 건네고 물건을 챙기고 있는 그때, 노파의 주머니에 돈이 가득 들어 있는 것이 보였다. 순간, 하야토의 눈이 번뜩였다. 견물생심(見物生心)이었다. 그의 마음에 탐욕의 물결이 일고 있었다.

"다 팔았으니, 이제 가야지."

노파가 보자기를 등에 걸치고 일어서려는데 갑자기 현기증이 났다.

"아, 어지러워."

종일 다니며 먹는 것도 제대로 못 먹고 워낙 허약하니 그럴 수밖에 없었다. 그녀는 다시 마루에 털썩 주저앉았다. 잠시 후 어지럼증이 사라지자 일어나서 하야토에게 인사말을 했다.

"젊은이 잘 있게. 다음 또 보세."

그리고 섬돌 아래로 내려서던 그때, 하야토의 발이 슬쩍 노파의 발뒤꿈치를 건드렸다. 마음에 품은 흑심이 행동으로 옮겨지고 있었다. 노파는 비틀하더니 그만 중심을 잃고 바닥에 꼬꾸라지고 말았다.

"쿵!"

"앗, 할머니!"

순간 하야토는 자신의 잘못이 후회되어 노파를 일으키려고 다가갔다. 그녀는 혼자 일어서려고 버둥대다가 몸을 가누지 못하고 다시 넘어졌다. 그리고 두 손을 허공에 허우적거리며 힘없는 목소리로 중얼거렸다.

"아, 조선. 보고 싶은 내 고향."

희미한 기억 속에, 쓰러져 가는 그녀에게 어디서인지 즐겨 부르던 그리운 노래가 아련히 들려왔다.

저 산 너머 새파란 하늘 아래는
그리운 내 고향이 있으련만은
천 리 만 리 먼 땅에 떠난 이 몸은
고향 생각 그리워 눈물지누나.

버들 숲 언덕에 모여 앉아서
풀피리 불며 놀던 그리운 동무
지금은 어디서 무엇을 하나
생각토록 내 고향이 그립습니다.[7]

1880년 경남 양산에서 부유한 가정에서 태어난 그녀는 19세에 양반 집 준수한 청년과 결혼을 했으나 무슨 일인지 아기는 낳지 못하고 어느 날 갑자기 남편이 병들어, 한 손에 부채 들고 약을 달이니 그 약이 닿기 전에 세상을 떠나 버렸다. 우연의 일치인가. 남편을 잃고 애통해하던 그날 을

---

7) 이 노래는 1939년에 발표된 김루안詩, 박태현曲의 고향생각(nostalgia)이다.

사늑약(乙巳勒約)이 있었고, 남편 없는 시집살이에 지친 그녀가 정신병까지 나서 병을 고치려고 친정으로 돌아오던 그날 경술국치(庚戌國恥)를 겪었다.

친정으로 왔지만 일제의 탄압과 수탈에, 두 살 때 마루 난간에 떨어져 오른쪽 다리를 절고 다니는 세 살 아래 여동생과 힘겨운 생활에도 다행히 몸과 마음이 점차 회복되어, 그 춥던 엄동설한을 보내고 희망의 새봄을 맞이하던 그해 3·1운동이 일어났다.

울부짖는 태극기의 물결은 수개월간 계속되었고 빼앗긴 국권을 되찾으려는 의지는 그칠 줄 모르는 민족의 가슴에 불꽃처럼 일어났다. 많은 사람들이 압록강과 두만강을 건너 이국땅에서 독립의 의지를 더욱 굳게 세워 나갔다.

"우리는 대한의 독립군, 조국을 찾는 용사로다. 나가! 나가! 압록강 건너 백두산 넘어가자. 우리는 대한의 독립군, 악마의 원수 물리치자. 우리나라 지옥이 되어 모두 도탄에서 헤매고 있다. 동포는 기다린다. 어서 가자 고향에 등잔 밑에 우는 형제가 있다. 원수한테 밟힌 꽃포기 있다. 동포는 기다린다. 어서가자 조국에. 우리는 대한의 독립군, 조국을 찾는 용사로다. 나가! 나가! 압록강 건너 백두산 넘어가자."[8]

---

8) 이 노래는 박영만 작사 한형석 작곡의 압록강행진곡인데, 독립군가로 불렸다. 2003년 초등학교 4학년 음악책에 실렸다.

하지만 더 악랄해진 일제의 수탈과 탄압에 견디지 못하고 그녀의 가족은 서럽게 사무치는 분노의 멍든 가슴을 안고 이민을 결심하였다.

사실은 이민이 아니라 도피였다. 그녀의 아버지가 가족도 몰래 독립 자금을 보내다가 일본 형사들의 추적을 받게 된 것이다. 피하는 것이 최선의 방법이었고 다른 방도가 없었다. 서둘러 재산을 정리하여 거액의 자금을 임시정부에 보내고 최소한의 비용만 가지고 관부연락선[9]을 타고 일본으로 건너갔다.

쌍고동 울어 울어 연락선은 떠난다.[10]
잘 가소 잘 있소 눈물 젖은 손수건
진정코 당신만을 진정코 당신만을
사랑하는 까닭에 눈물을 흘리면서 떠나갑니다. 아 아, 울지를 말아요.
파도는 출렁출렁 연락선은 떠난다. 정든 님 부여안고 목을 놓아 웁니다. 오로지 그대만을 오로지 그대만을 사랑하는 까닭에 한숨을 삼키면서 떠나갑니다. 아 아, 울지를 말아요.
바람은 살랑살랑 연락선은 떠난다. 뱃머리 꾸짖는 안타까운 조각달. 언제나 임자만을 언제나 임자만을 사랑하는 까닭에 끝없이 지

---

9) 관부연락선은 부산과 하관(下關:시모노세키)을 오가던 연락선으로 많은 이야기가 전해지고 있다. 그 중에 비련의 연인 윤심덕과 김우진의 사랑 얘기는 "사의 찬미"로 연극과 영화 상영이 있었고, 최근(2025.7.)에 창작뮤지컬 "관부연락선"이 공연되고 있다.

10) "연락선은 떠난다."는 박영호 작사, 김송규(본명 김해송) 작곡으로 1937년에 장세정이 발표하였다. 이 노래는 일제강점기 조선인들의 슬픔과 한을 담고 있는 노래로, 가사는 연인과의 이별을 소재로 하고 있지만, 그 속에는 식민지의 고통과 설움이 녹아 있어 슬픈 분위기를 자아내는 구슬픈 곡조이다. 일제 강점기에 강제 동원된 조선인들이 관동연락선을 타고 조국을 떠나야만 했던 이별의 아픔과 안녕하기를 기도하는 애절한 마음이 가사 속에 잘 표현되어 있다.

향 없이 떠나갑니다. 아 아, 잊지를 말아요.

일본으로 이민하여[11] 수개월을 고생하며 겨우 안정을 찾아가던 그때 관동대지진이 일어났다.[12] 그 지진의 혼란과 화염 속에 악질적인 조선인 대학살이 있었고, 그녀의 가족은 겨우 죽음을 모면하였지만 아버지는 그때 입은 상처로 3년을 버티며 고생하다가 6·10 만세 운동이 일어나던 날, 나라 잃은 서러운 백성으로 광복의 빛을 보지 못한 채 한 많은 세상을 떠났다. 그리고 며칠이 지나 어머니마저 고향을 그리워하다가 멀고 먼 이국땅에서 하늘나라로 가고 말았다. 하루아침에 고아가 된 두 자매는 보따리장수로 겨우 살아가고 있었던 것이다.

"아, 조선. 그리운 내 고향."
두 손을 허공에 허우적거리며 힘없는 목소리로 중얼거리던 노파는 의식을 잃어가고 있었다. 순간 하야토는 그녀를 일으키려고 다가가다가 멈칫, 걸음을 멈췄다. 노파의 돈주머니가 어른대고 가슴이 두근거렸다.
"내가 그런 게 아니야. 힘이 없고 나약해 스스로 넘어진 거야. 내 잘못이 아니야." 그는 한 걸음 뒤로 물러서서 노파를 지켜보았다.

---

11) 일본으로 간 당시의 조선인은 크게 세 부류로, 소개소나 하청업자에게 속아 강제노동을 당한 사람과 사업이나 투자로 일본에 진 빚을 갚으려고 간 사람과 일본 드림을 꿈꾸고 건너간 사람들인데 조선인들은 15시간 중노동을 하면서 임금을 뜯기고 구타와 협박을 당하기도 하였다.

12) 관동대지진은 1923년 9월 1일 11시 58분 일본 사가미만을 진앙지로 발생한 사가미 해곡 대지진이다. 설상가상 전날 큐슈 지방에 태풍이 상륙하였고 지진의 불티가 오밀조밀한 목재 건물 틈으로 들어가 화재는 순식간에 확산되었고 화염의 소용돌이가 발생하여 도시 전체가 아비규환이 되었다. 이 혼란 속에 악질적인 일본 군경과 민간인들이 조선인을 대상으로 무차별적 대량학살을 일으켜 그 희생자가 2만 3천여 명이나 되었다.

"으으으 으흠"

노파의 신음 소리는 점점 가늘어지고 있었다. 지금이라도 일으켜 주면 살아날 텐데. 그렇게 하지 못하고 있는 그의 몸은 떨리고 가슴은 더욱 요동치고 있었다.

"그냥, 내버려두자. 아니야, 살려 줘야 해. 아니, 내 잘못도 아닌데 더구나 조선인이잖아. 죽으면 돈은 내 거야. 아니야, 이러면 안 돼. 나쁜 짓이야."

그는 마루에 털썩 주저앉아 노파를 물끄러미 바라보았다. 그녀는 더 이상 움직이지 않았고 신음 소리도 들리지 않았다. 그때였다. 대문 밖에서 인기척이 들렸다.

"아뿔싸!" 하야토는 재빨리 대문을 향해 뛰어갔다. "삐거덕." 문이 열리고 있었다. 그는 다급하게 소리 높여 말했다.

"누구세요?"

"아! 우편이 왔어요."

대문 안으로 들어서던 배달부는 약간 놀라며 뒤로 한 걸음 물러섰다가 성큼 안으로 들어왔다. 하야토는 재빠르게 그의 앞을 가로막으며 말했다.

"이리 주세요."

"아, 네. 여기요."

"안녕히 가세요."

"아, 그래요. 네에, 네."

우편배달부는 이상한 느낌이 들었다.

"전에는 쉬었다 가라 하고 물도 한 잔 주고 세상 돌아가는 이야기도 나누고 했는데…."

하야토는 배달부가 가는 것을 보고 대문을 닫아걸고 안으로 들어왔다.

노파는 꼼짝도 하지 않고 그대로 누워 있었고 안개비에 머리카락이 젖어 얼굴에 헝클어져 있었다. 이제 아주 죽어버린 것 같았다.

"어떻게 해야 하나? 아무도 본 사람은 없어." 잠시 생각하다가 그는 용기를 내었다. 누구도 모르게 그녀를 묻어버리기로 작정했다. 노파에게 다가가서 두 팔을 뻗어 옷을 잡고 끌었다. 그때였다. 갑자기 그녀가 손을 쭉 뻗어서 그의 팔을 힘껏 붙잡았다.

"사 사, 살려줘."

너무나 놀란 그는 노파의 손을 뿌리치고 네댓 걸음 뒤로 물러섰다. 두려움과 공포 속에 온몸이 떨렸다. 잠시 후 그녀는 더 이상 아무런 반응이 없었다. 그것이 그녀의 마지막 힘이었다. 그녀는 그렇게 멀고 먼 이국땅에서 그리운 고향 모국을 그리워하며 숨을 거두고 말았다.

"내가 그런 게 아니야. 그녀가 힘이 없어서 쓰러져 죽은 거야."

하야토는 죄책감에 마음이 편할 리 없었다. 그렇게 자책도 하고 위로도 하며 털썩 주저앉아 멍하니 그녀를 바라보고 한숨을 푹 쉬었다.

시간은 자꾸 흐르고 이제 다른 방법이 없었다. 마음을 추스르고 다시 용기를 내어 그녀를 들쳐 업고 가파른 언덕 밑에 흙으로 묻고 그 위에 덤불을 덮었다.

안개비는 계속 내리고 밤은 서서히 다가와 산장은 온통 짙은 어두움으로 덮였다.

몸과 마음이 매우 지친 그는 밥 먹을 생각도 없어 그대로 자리에 누웠다. 몸은 피곤한데 잠은 오지 않고 온갖 잡념에 시달리며 이리저리 뒤척이다가 새벽이 되어 겨우 잠이 들었다. 꿈을 꾸었는데 매우 불길한 꿈이었다는 것 외에는 도무지 아무것도 생각나지 않아 불안하기 그지없었다.

"내가 잘못했어. 이 욕심, 몹쓸 이 돈 때문에. 그러나 이제는 후회해도 소용없구나. 내 잘못이 아니야, 그녀의 운명이야."

자책도 하고 자신을 위로도 하며 그렇게 사흘이 지나고, 그날도 점심 식사를 하고 식곤증으로 잠깐 잠이 들었는데 냉기가 온몸에 스며들고 오싹한 느낌에 잠이 깬 그에게 어디선가 나지막한 소리가 들렸다.

"쥐포 사세요. 오징어 사세요."

"아니, 이게 무슨 소리인가?" 그는 놀라 소리치며 자리에서 벌떡 일어났다. 온몸에 소름이 오싹 돋았다.

"쥐포 사세요. 오징어 사세요."

분명히 그 노파의 목소리였다. 그는 방문을 박차고 대문을 열고 밖으로 나가 소리가 나는 곳을 보았다. 얼마 멀지 않은 곳에 그녀가 등짐을 지고 산길을 돌고 있었다.

그때, 그녀가 돌아서서 그를 힐끗 보더니 하야토 쪽으로 걸음을 옮기기 시작했다. 다리를 약간 절룩였지만 그 모습은 분명히 그때 그 노파였다.

"아니, 저게 사람인가 유령인가!"

평소에 그렇게 용기 있고 담대하던 하야토였지만 온몸이 굳어지고 다리가 덜덜 떨렸다. 그는 넋을 잃은 채 정신없이 산장 안으로 들어왔다. 문을 걸어 잠근다는 것이 손이 덜덜 떨려 덜 잠그고 급하게 방으로 들어와 밖을 살폈다.

"삐그덕." 대문이 열리고 그녀가 안으로 들어서는 것이 보였다.

"저건 사람이 아니야, 유령이야!"

하야토의 온몸에 식은땀이 주르륵 흘렀다. 노파는 머뭇거림도 없이 오른쪽 다리를 절룩이며 마루로 올라왔다.

"쥐포 사세요. 오징어 사세요."

"으으, 으아악!" 하야토는 그만 정신을 잃고 쓰러지고 말았다.

사업 관계로 구라파에 갔다가 돌아온 별장 주인 이토 타쿠미(伊藤拓美)는 군수물자 지원금을 전달하려고 도쿄에 들러 천황 쇼와 히로히토(昭和裕仁)를 알현하고 곧장 가나가와현으로 돌아왔다.

별장은 여느 때와 다름없이 조용하기만 했다. 그는 행랑채를 향해 소리쳤다.

"여보게, 기무라 하야토!"

다시 한 번 큰소리로 불렀다. 그러나 아무런 대답이 없었다. 이상한 느낌이 들었다. 그는 닫혀 있는 문을 열었다.

"으앗! 으아악!"

타쿠미는 너무나 놀라 뒷걸음쳤다. 그리고 돌아서서 곤두박질을 치듯 주재소(駐在所)를 향해 달렸다. 얼마 후 타쿠미는 순사와 의사와 사람들을 데리고 왔다. 하야토의 사인(死因)은 심장마비였다.

모든 일을 끝내고 저녁이 되어 그는 하야토의 유품을 정리하였다. 그중에 일기장이 있었는데, 그 일기 마지막 글이 의문스럽기 그지없었다.

"쥐포 노파. 아니, 도대체 이게 무슨 말이지?"

도무지 알 수 없어 타쿠미는 잠을 이루지 못했다. 몸은 피곤했으나 잠이 오지 않았다. 그렇게 밤을 거의 꼬박 새다시피 하고 날이 밝아왔다.

창밖에는 안개비가 내리고 있었다. 그때였다. 처량하고 구슬픈 여자의 목소리가 들렸다.

"쥐포 사세요. 오징어 사세요."

"으응, 쥐포? 그럼, 하야토 일기장의 그 쥐포 노파. 그래서 심장마비로 죽었단 말인가!" 그제야 의문의 수수께끼가 풀린 듯, 하지만 그는 두려움과 공포 속에 온몸을 오싹 떨었다.

"저게, 유령인가? 사람인가?"

"쥐포 사세요. 오징어 사세요."

소리는 점점 가까이 들려왔다. 타쿠미는 물리쳐야겠다고 일어서려 했으나 밤새도록 잠을 자지 못한 탓에 다리가 덜덜 떨리고 온몸에 힘이 풀려 도저히 일어설 수가 없었다.

어느새 노파는 다리를 절룩이며 산장으로 들어와 조금도 주저함이 없이 마루로 올라서며 더욱 목청을 높여 소리쳤다. 타쿠미에게는 그 소리가 천둥소리와 같았다.

"쥐포 사세요. 오징어 사세요."

"으으, 으아악!" 간신히 문고리를 잡고 있던 타쿠미는 그만 정신을 잃고 쓰러지고 말았다.

하야토와 타쿠미가 별장에서 심장마비로 사망했다는 소식을 들은 히비키는 두 사람이 무슨 일로 똑같이 그런 일을 당했는지 도무지 이해할 수가 없었다. 그날 그는 잠을 제대로 자지 못하고 바쁘게 이른 새벽에 길을 나서서 아침이 되어 겨우 산장에 도착했다. 그런데 아무도 없는 산장 앞에서 한 여자가 물건을 팔고 있었다.

"아니, 저 노파는 도대체 뭐야?"

"쥐포 사세요. 오징어 사세요."

"할머니, 장사도 안 되는 이곳에서 뭐 하는 거예요?"

히비키의 말에 대답도 않고 그녀는 엉뚱한 말을 했다.

"일제는 유황불로 망할 거야, 유황불로!"

"아니, 뭐라고요? 뭐 이런 되먹지 못한 말이 있어."

"안이숙 선생[13]이 그렇게 말했어. 유황불로 망한다고. 자업자득이야."

"유황불? 그런 게 어디 있어요?"

"있지. 소돔과 고모라가 죄악이 가득하여 유황불로 망했어. 두고 봐. 죄 많은 일본은 곧 망할 거야."

히비키는 그녀의 말이 도무지 이해할 수 없는 헛소리로 들렸다. 그래서 무시하고 물었다.

"할머니, 이 산장에서 사람 죽은 것 아세요?"

"알지. 세 사람이나 죽었지."

"아니, 세 사람? 두 사람이 아니고요? 그 사람 누구예요?"

"알고 싶어? 그럼, 따라와!"

노파의 뒤를 따라가며 그는 중얼거렸다.

"누가 또 여기서 죽었단 말인가?"

그때, 산 중턱에서 희뿌연 구름이 내려와 온 골짜기에 덮이더니 안개비가 내리기 시작했다.

---

13) 안이숙(安利淑, 1908년~1997) 선생은 평안북도 박천에서 태어나 평양의 명문 서문여고를 졸업하고 1928년 일본 경도여전과 동경 가정여학원에서 수학한 후 대구여고보와 선천보성여고의 교사로 재직하였다. 1939년 1월에 동경으로 건너가 대신, 대장, 대의사 등 위정자들을 만나 일본의 망국행동을 경고하고 한국기독교 박해에 항의하였다. 일제제국주의회 제 74회 의사당에서 항의하다 투옥되어 평양형무소에 이감 후 6년의 옥고를 치르다 사형직전에 8·15광복을 맞아 극적으로 석방되었다.

다리를 절룩이며 앞서가는 노파의 흰 머리카락이 더욱 희어져 너무나 무섭게 보였다. 히비키의 등줄기에 식은땀이 흐르고 두려움과 공포가 엄습해 왔다. 가파른 언덕 아래 다다른 노파는 그 자리에 우뚝 서서 뒤를 힐끗 돌아보았다. 그녀의 눈빛은 분노의 불길로 이글거렸다. 그 불같은 눈빛에 더욱 공포를 느낀 히비키는 덤불 사이로 무언가를 보았다. 사람의 옷이었다.

그의 모습을 지켜보던 노파는 그곳으로 다가가 덤불을 걷어 젖히고 그 옷자락을 힘껏 잡아당겼다.

"으으, 으아악!" 히비키는 그만 정신을 잃고 쓰러지고 말았다. 노파는 쓰러진 그를 물끄러미 내려다보고 중얼거렸다.

"우리가 얼마나 많은 고통을 당했나. 모두가 너희들이 자초한 짓거리야. 자업자득이야."

그 후 며칠이 지나 사람의 그림자도 보이지 않고 인기척도 없는 그 산장에 라디오 방송 소리가 크게 들려왔다.[14]

"지금부터 중대 방송이 있습니다. 청취자 여러분은 기립해 주시기 바랍니다." 그리고 일본 국가 기미가요에 이어 히로히토 천황의 목소리가 들려왔다. 4분 37초간 종전에 관한 조서를 차분한 목소리로 읽어 내려갔다. "짐은 세계의 대세와 제국의 현 상황을 감안하여 비상조치로 시국을 수습하고자 충량한 나의 신민에게 고한다. 짐은 제국 정부로 하여금 미·영·중·소 4국에 그 공동선언을 수락할 뜻을 통고토록 했다. 금후 제국

---

14) 이 방송은 NHK(일본방송협회) 아나운서 와다 노부카타(和田信賢)의 사회로 시작되었다.

이 받아야 할 고통은 심상치 않고, 신민들의 충정도 잘 알고 있다. 시운이 흘러가는 바 참기 어려운 것을 참고, 견디기 어려운 것을 견뎌, 이로써 만세를 위해 태평한 세상을 열고자 한다."

그날 이후 그 산골짜기 그 산장에 희뿌연 구름이 덮일 때마다 안개비가 내리고 흐느끼는 여인의 서글픈 울음소리가 들려왔다.

"인류 역사에 천인공노할 추악한 만행은 백년, 천년의 세월이 흘러도 결코 잊지 말아야 할 것이다."

— 2025년 8월 15일(광복 80주년)에 이영수(저자 兒名).

사선을 넘어

청일전쟁과 러일전쟁에서 승리한 일본제국은 이미 점령한 조선을 병참기지로 만들어 중국진출을 발판으로 삼고, 침략의 구실을 만들기 위해 1931년 심양의 북쪽 류탸오거우에서 남만주철도 선로를 폭파, 만주사변을 일으켰다.

1937년 중일전쟁을 일으키고 동남아로 진출하는 일제에 대해 미국은 경제제재, 특히 석유와 철강 수출을 금지시켜 확장을 저지하였다. 자원조달이 어렵게 된 일본은 미국과 전쟁이 불가피하다고 판단하고, 1941년 12월 7일 진주만을 공습하여 태평양전쟁이 시작되었다.

"일본은 잠자는 사자를 건드렸다!"[15]

정말 그랬다. 잠자는 사자의 콧수염을 건드려 깨운 것은 일제 군부의 오판이었다.

전쟁은 치열하게 계속되었고 연합국(미·영·프 등)의 승전이 높아가던 중, 미국은 전쟁을 조기 종식시키려고 1945년 8월 6일 히로시마에 이어 9일 두 번째 핵무기를 나가사키에 투하했다.

그런데 이때 소련은 미국의 요구를 받아들여 일본에 선전 포고를 하고 연합군에 참전하여 8월 8일 극동지역에서 일본군을 격파하고 한반도로 진출하고 있었다. 드디어 8월 15일 일본은 항복하였고, 그해 12월 모스크바 3상회의에서 5년간의 신탁통치가 결정되고 한반도는 38선 남북으로

---

15) 1970년 미·일 합작으로 제작된 영화 도라! 도라! 도라!(Tora! Tora! Tora!)에서 당시 일본 해군 총사령관 야마모토 이소로쿠(1884~1943)는 진주만을 기습 공격하고 난 뒤 "우리는 잠자는 사자를 건드렸다."고 독백하였다.

갈라졌다.

이 신탁통치는 한반도에 임시정부를 세우기 위해 미·소 공동위원회를 설치하고, 5년 동안 미·영·중·소 4개국이 통치한다는 것이었다. 즉 독립의 능력이 없는 나라를 일정 기간 보호하고 통치하자는 것으로, 강대국들이 각기 자국의 세력을 확대하기 위한 거점으로 한반도를 상대국에게 내주지 않으려는 미국과 소련의 꿍꿍이와 국제 사회에서 발언권을 놓치지 않으려는 영국의 계산이 맞아떨어진 결론이었다.

우리 민족은 신탁통치에 대해 큰 모욕감을 느꼈다. 이 소식이 전해지자 신탁 통치 반대 운동이 전국적으로 불같이 일어났다. 처음에는 공산주의자들도 반대를 외치다가 소련의 사주를 받아 찬성하는 쪽으로 돌아섰다. 한목소리로 신탁통치 반대 운동을 외쳤던 많은 국민들은 공산주의자들이 태도를 바꾼 것에 대해 크게 실망했다. 찬반 운동이 거세지는 가운데 미국과 소련은 서울에서 공동위원회를 열었지만 서로 다른 입장 차이만 있을 뿐, 결국 두 차례의 회의에도 아무런 합의도 얻지 못한 채 결렬되고 말았다.

미군정시기(1945~1948) 3년에 소련은 동유럽을 공산화시키고 이어 아시아에 중국과 북한의 공산화를 추진했다. 당시 미국은 중국을 중심으로 아시아를 개편하려고 했지만, 마오쩌둥이 중국을 공산화하자 비로소 공산주의 세력을 경계하기 시작했다.

1948년 안개 자욱한 아침 까치마을(작동鵲洞) 이장 최현규는 언덕배기 밭에서 만난 친구 김준에게 말했다.

"지난밤 무탈하게 잘 지냈는가?"

친구 김준이 되물었다.

"너도 별일 없었냐?"

"제기랄, 이런 얄궂은 세상이 있나. 낮에는 순사가 찾아오고 밤에는 공비가 내려오니 불안해서 어디 살겠나."

"그러게 말이야, 엊그제 윗마을에 총을 맨 공비가 나타나 먹을 것을 달라 하는데, 사람들이 겁에 질려 덜덜덜 떨었다 하잖아. 아무튼 그놈들은 만나지 말아야 할 녀석들이야."

마을에서 힘을 좀 쓴다는 김준도 무서운 표정으로 주위를 둘러보며 말했다.

해가 뜰 무렵인데 사방은 온통 짙은 안개로 을씨년스럽게 어두컴컴하기만 했다. 두 사람은 조심하고, 또 조심해야 한다고 서로 말하며 헤어졌다.

이 시기 한반도의 사회는 몹시 혼란에 빠져 있었다. 민주주의와 공산주의 체제가 그랬고 신탁통치 찬반으로 우익과 좌익으로 갈라졌으며, 민주주의를 지지하는 극우단체는 극좌파의 찬탁을 절대 받아들일 수 없다고 외치며 자주독립 의지를 굽히지 않았다.

"미국을 믿지 말고 소련에 속지 마라. 일본이 일어난다. 조선아 조심해라."

1946년 소련 공산군을 등에 업고 북한을 장악한 김일성은 임시인민위원회를 열어 토지개혁을 단행하여 종교를 탄압했고 땅을 빼앗긴 지주들과 기독교인들은 김일성 세력에게 쫓겨 월남하기에 이르렀다.

이런 혼란 속에 양민을 괴롭히며 일본에 아부하여 치부하던 친일파는 미군정의 처벌을 받기는커녕 다시 권력을 잡는 계기가 되었으며, 상하이

임시정부로부터 자유민주주의 이념을 지니며 독립된 새 나라를 품었던 남한은 1948년 8월 15일 대한민국 정부를 수립하였고, 붉은 깃발로 물들이며 오직 공산주의만이 지상낙원을 이루리라 부르짖던 북한 공산당은 9월 9일 조선민주주의인민공화국을 세웠다.

그런데 그때까지도 남한에 좌익사상을 가진 사람들이 많았다. 특히 경성 지역의 극좌파들은 극우파와 미군정의 세력에 밀려 수도권을 벗어나 38선을 뚫고 월북하기도 했고 남쪽으로 내려가 산악으로 숨어들었다. 그리하여 남부 지역에 경찰의 공비 토벌이 시작되었다.

한편, 정부는 국가보안법으로 좌익사상의 사람들을 전향시키려는 목적으로 국가가 이들을 보호하고 인도한다는 취지에서 국민보도연맹을 만들었다.

보도연맹은 국민의 사상을 통제하려는 목적으로 구성된 반공단체로, 북한 정권을 결사반대하고 인류의 자유와 민족성을 무시하는 공산주의를 철저히 배격하는 민간단체였다. 하지만 초대 총재는 내무부장관이었고 고문은 국방장관, 지도위원장은 서울지검장 등이 맡았고 각 지역장과 위원회에서도 관공서가 관여했으니, 민간단체라기보다 관제단체에 가까웠다.

낮에는 경찰이 찾아오고 밤에는 공비와 맞닥뜨리는 까치마을 사람들은 무섭고 불안하기 짝이 없었다. 그래서 청·장년들이 모여 궁리를 했다. 그러나 별 뾰족한 수가 없었다. 그때 그 마을에서 힘쓰기로 유명한 김준이 말했다.

"경찰에 동원을 요청하여 공비를 소탕합시다."

"그건 안 돼요. 그러면 이곳이 전쟁터가 되어 주민 피해가 많을 거외다."

나이가 좀 들어 보이는 어른이 말하자, 다른 사람들도 고개를 끄덕이며 그 일만은 절대 있어서는 안 된다고 한목소리로 말했다.

공비가 얼마나 되는지도 몰랐다. 한두 명씩 내려와 먹을 것을 요구하니, 그리 많지는 않을 것 같지만 총으로 무장한 그들이 무섭고 두려운 것은 마찬가지였다. 젊은 이장 현규가 말했다.

"별다른 방법이 없으니, 각자 조심하고 될 수 있으면 낯선 사람을 만나지 말고 피할 수 있는 데까지 피합시다."

어쩔 수 없었다. 마을 사람들은 각자 헤어져, 날이 어두워지기 전에 서둘러 집으로 들어가 문을 걸어 잠그고 불도 켜지 못한 채 매일 그렇게 두려운 밤을 보내야만 했다.

까치마을에서 산을 하나 넘어 범울리에 사는 삼술이가 경성역에 도착한 것은 해가 서산으로 뉘엿뉘엿 기울 무렵이었다. 남대문을 지나 보신각 쪽을 향해 발길을 재촉했다. 더 어두워지기 전에, 종로에서 포목상에 일하는 친구 안현을 만나기 위해서였다.

덕수궁 돌담길에 젊은 사람들이 쌍쌍이 짝을 지어 오가고, 청계천에 이르니 줄지어 서 있는 초가집에 저녁연기가 피어오르고 있었다. 골목에는 사내아이들이 저무는 해가 아쉬운 듯 깔깔깔 웃으며 우당탕탕 깡통 차기 숨바꼭질을 하고, 개울가 둔덕에 예닐곱 되어 보이는 계집아이들이 서산을 넘어가는 해를 바라보며 노래하고 있는 모습이 무척 귀여웠다.

날 저무는 하늘에 별이 삼 형제

반짝반짝 정답게 지내이더니,

웬일인지 별 하나 보이지 않고

남은 별만 둘이서 눈물 흘린다.[16]

"어이, 친구 잘 지냈는가?"
"아니, 이게 누군가. 삼술이 아닌가. 반갑네. 어떻게 경성까지 왔나?"
"자네가 보고 싶어서 왔지. 한양 구경도 좀 하고. 만주 갈 때, 제대로 구경을 못했잖아."
"그랬었지."

두 사람은 처음 경성에서 만났다. 그들은 영등포읍[17]에 설립된 조선맥주공장에 취업하여 함께 일했다. 그 공장은 처음에 일제가 인천에 세우려다 영등포에 세운 것이다.

난생 처음 맥주 맛을 본 삼술은 놀랐다.

"세상에 이런 술이 다 있다니! 청주, 막걸리도 아니고 이건 술이 아니라 청량음료야!"

정말 그랬다. 독일에서는 맥주를 국민 음료로 여겨 즐겨 마시고 물보다 값이 쌌다. 맥주의 기원이 메소포타미아와 이집트라 하지만 그 당시는 독일이 으뜸이었다. 독일은 산둥성을 점령하여 칭다오에 맥주공장을 세웠다.

---

16) 이 동요는 1923년에 발표한 방정환 작시, 정순철 작곡의 "형제별"이다. "날 저무는 하늘"은 일제 치하의 조국을 상징하고, "별 하나가 보이지 않고 남은 별이 눈물 흘리는 것"은 살길을 찾아 흩어져 살아야만 하는 민족의 고난을 형상화한 것으로, 일제의 만행을 은유적으로 나타내고 있다.

17) 영등포읍은 조선맥주공장이 설립된 1933년 당시 경기도 시흥군에 속해 있었다. 수도권 서남부 최대 거점도시의 역할을 하고 있는 영등포와 여의도는 1936년 경성부에 편입되어, 한강이남 지역 중에서 처음으로 서울에 편입된 도시가 되었다.

맥주공장에서 즐겁게 일하고 있던 어느 날 친구 안현이 말했다.

"우리 만주로 가자."

"아니, 왜? 여기가 좋은데."

"여기서는 돈 못 벌어. 겨우 생활만 하고 있잖아. 고향에 돈 한 푼 못 보내고."

사실 그랬다. 쥐꼬리 봉급으로 고향에 돈을 거의 보내지 못하고 있었다. 그래서 둘은 돈을 많이 벌 수 있다는 만주로 간 것이다.

그들이 취업한 곳은 동양척식회사였다. 이 회사는 을사조약 후 대영제국의 동인도회사를 본떠 1908년에 설립되었는데, 처음에는 대한제국과 일본의 양쪽 회사였으나 한일합방 후 일본이 독점하였고, 1917년 본점을 도쿄로 옮겨 식민지 수탈기관으로 변신하였다.

처음에는 그들도 이 회사가 어떤 회사인지 몰랐다. 그냥 좋은 회사로 알고 봉급도 많이 준다기에 취업했다.

만주의 겨울은 혹독하였다. 옷을 몇 겹이나 입어도 매서운 찬바람이 스며들었고 장갑을 껴도 손이 시렸다. 그들이 하는 일은 토지측량이었다. 세 명이 한 조가 되어 숙소에 거하며 일했는데, 그들 중 한 사람은 일본인으로 회사 부장의 아들이었고 나이가 제일 어렸다.

"부장의 아들이면, 더 좋은 곳에서 일할 수 있을 텐데 왜 이런 험지에 보냈을까?"

"그러게 말이야, 난로가 있는 따뜻한 사무실에서 붓을 들고 서류 정리만 하면 될 텐데…, 아이고, 추워라. 장갑을 두 개나 꼈는데도 왜 이리 손이

시리냐."

친구 안현이 몸을 움츠리며 바람에 펄럭이는 깃대를 거머쥐고 말했다. 부장의 아들은 100m 사이에서 토지대장을 들고 오라고 손짓하였다. 삼술이는 측량대를 잡고 자리를 옮겼다. 그렇게 드넓은 들판을 오가며 겨울을 보내고 있었다.

그날 밤 삼술이가 부장의 아들에게 물었다.

"아버지가 부장이신데, 왜 이곳에서 일하지?"

토지대장을 들춰보던 그가 싱긋 웃으며 말했다.

"아버지께서 처음부터 사무실에 근무하면, 일을 제대로 못 배운다고 하셨어요."

"그랬구나."

'우리 같으면 이런 고생 안 시키고 사무실에서 근무하게 했을 것이다.'

삼술이는 일본 사람들은 대단하다고 생각했다. 며칠이 지나, 부장의 아들이 푹신푹신한 털장갑을 끼고 있었다.

"왠 장갑이냐?"

그가 빙그레 웃으며 말했다.

"아버지께서 사 주셨어요."

"참, 따뜻하겠다."

그의 얼굴에 행복한 빛이 가득하였다. 삼술이는 부러운 눈길로 그를 바라보았다.

겨울이 지나고 있었다. 그 혹독한 동장군도 남쪽에서 불어오는 봄바람을 이기지 못하고 그렇게 또다시는 오지 않을 듯 사라져 갔다. 황량한 들녘에 푸릇푸릇 새싹이 움트고 들꽃이 피었다.

고향에서 편지가 왔다. 첫째 형 일술의 편지였다. 지난해 풍년 소식을 들은 지 3개월 만이었다. 가족들 모두 보고 싶어 하는데 무엇보다도 어머니께서, 객지에서 고생하지 말고 집으로 돌아오라는 내용이었다.

삼술이도 고향으로 가고 싶은 생각이 있었으나, 어디에 가서도 이만한 돈벌이가 없으니 고생스럽지만 더 있기로 했다. 3개월이 지나 또 편지가 왔다. 농번기에 일손이 부족하다는 것과 어머니께서 빨리 고향으로 내려오라는 소식이었다. 그도 그럴 것이 애지중지 키운 막내아들이 타향 객지에서 고생하지 않을까, 또 계속되는 일본군 전장에 휘말려 죽지는 않을까. 부모로서 걱정이 이만저만이 아니었다.

삼술이는 고향이 그리웠다. 버들 숲 언덕과 실버들 냇가와 강에서 뛰놀던 친구들도 그리웠다.

'모두 보고 싶구나. 아랫마을 순이도 잘 있겠지.'

순이는 몸맵시도 곱지만 성격도 차분하여 여성스러웠다. 어려서부터 한 마을에서 자랐지만 그 시대는 남녀유별(男女有別)이요 남녀칠세부동석(男女七歲不同席)이라, 쉽게 만나지 못하는 시대였다. 이른바 내외(內外)를 하는 것이다.

"우리나라는 신라시대에 이어 고려 중기까지 남녀 구별 없이 자유로웠다는데, 유학이 뭔지 양반이 뭔지, 그 망할 뙤놈인가 되놈인가 떼놈인가, 하여튼 신성한 문화를 빼앗아버렸어."

원망하며 투덜거리는 젊은이도 있었다. 남녀칠세부동석은 "일곱 살이 되면 남녀가 자리를 함께하지 않고 함께 먹지 않는다(七年男女不同席不共食)."는 《예기(禮記)》내칙(內則)의 문장에서 유래되었다.

어떤 지식이 있는 한 젊은이는,

"대국 문화든 서양 문화든 다 장단점이 있기 마련이지. 잘 받아들이고 잘 활용하면 좋은 점이 더 많지 않을까?"

맞는 말이다. 무엇이든 받아들이기 나름이다. 선하게 쓰면 선이 되고, 악하게 사용하면 악이 되는 것이다.

단발령(斷髮令)만 해도 그렇다. 그 시작은 서양 선교사들이 위생에 편리하고 머리 감기가 용이함을 들어 고종에게 단발을 건의하였다.

1895(고종 32)년 김홍집 내각의 을미개혁으로 전통식 의복의 간소화와 서구식 복식을 채용하고 위생과 두발 청결을 목적으로 12월 30일(陰 11. 15)에 왕의 칙령으로 단발령을 내렸다. 그래서 고종이 직접 정병하(농상공부 대신)에게 자신의 머리를 깎게 하여 최초로 단발을 하였고 세자 순종과 개화파들이 솔선수범하고 내무대신 유길준을 선두로 모든 대신들이 머리를 잘랐다. 또 고종은 서양 선교사들에게 단발령 시행에 협조할 것을 주문하였고 이에 적극 호응한 선교사들은 머리를 자르지 않으면 신교육을 받을 수 없게 하겠다고 하여 백성들에게 단발을 유도하였다.

하지만 당시의 성리학자들이 "신체발부 수지부모 불감훼상 효지시야(身體髮膚 受之父母 不敢毁傷 孝之始也)"[18]라며 이것을 살아 있는 신체에 가해지는 심각한 박해로 받아들였다. 일부 성리학자들은 "오두가단 차발불가단(吾頭可斷 此髮不可斷)"이라며 "내 목이 잘리더라도 머리털은 못 자른다."고 맞섰다.

---

18) 몸과 털과 살갗은 부모에게서 받은 것이니 감히 손상시키지 않는 것이 효의 시작이다.-《효경(孝經)》제1장. 개종명의(開宗明義)편, 예기, 천자문, 사자소학 등에 인용.

따라서 신교육의 보급 요람인 신식 학교에 가려면 먼저 머리를 깎아야 했기 때문에 신교육 자체가 백성들로부터 많은 저항을 받았다. 일부 명가에서는 그 머리털 자르는 일 때문에 자기 아들을 학교에 보내지 않는 일도 허다했다.

역사에 가정(假定)은 없다지만 신교육과 머리털 수난을 함께 실시하지 않았더라면 우리나라의 신교육은 좀 더 이른 시기에 보급할 수 있었을 것이고 더 빨리 발전할 수 있었을 것이다.

이렇게 백성들의 격렬한 반발로 단발령을 철회할 수밖에 없었고, 갑오개혁과 을미개혁의 실패로 단발령이 폐지되었다가, 2년이 지난 후 개화파 대신들이 광무개혁(1897년)을 준비하는 과정에서 "단발이 편하고 위생에 좋다."는 논의가 있어 다시 단발을 실시하였고 전국으로 확산되었다. 단발령이 부활된 것이다. 그리하여 1901년에는 한성부와 평양부와 수원부에 이발사가 생겼고 이용원이 등장하였다.

하지만 1906년까지도 지방에서는 단발에 호응하지 않아 군수삭발령을 공포하였지만 그 반발은 심하여 1930년대까지도 단발을 거부하는 이들도 존재하였다. 하지만 단발이 위생에 좋고 편하다는 사실이 알려지자 1920년대부터 여성도 단발을 시작하였다. 우리나라 여성 최초로 공개 단발한 사람은 독립운동가 사회주의자 허정숙이었다.

이렇게 이방인의 문화도 잘못된 것은 고쳐 바르게 받아들이면 좋게 되는 것이다.

범울리의 삼술이와 순이가 서로 알게 된 것은 3년 전, 정월대보름 줄다리기 행사 풍물놀이 하던 때였다.

꽹과리를 선두로 큰북과 작은북이 뒤따르고 징 소리 요란하다. 쾌지나 칭칭나네, 쾌지나 칭칭나네. 소북의 청년들이 장단에 맞춰 춤을 추고 꽃으로 장식한 사모를 요리조리 흔들어 댄다. 어깨에 그물 포수는 나무막대 총으로 사냥 흉내 우습다. 상쾌하고 즐거우니 나팔 불어 나팔이 오네. 쾌지나 칭칭나네. 쾌지나 칭칭나네. 풍물놀이에 마을 사람들은 모여들고 모두 흥이 났다.

그때 삼술이와 순이의 눈이 마주쳤다.

순이가 먼저 삼술이의 용모와 인품에 반했다. 꽃다운 열여섯이었다. 순이가 옆에 있는 친구 선이에게 물었다. 선이는 성격이 명랑하고 활달하여 잘 나다니는 편이라 마을의 소문, 여러 가지 일들을 많이 알고 있었다.

"저어기, 물빛 각지적삼 입은 사람 누구지?"

"아, 저 총각. 가산 댁 셋째 아들이야. 잘 생겼지?"

"아~ 그 사람."

순이도 소문을 듣고 알고 있었지만, 그를 본 것은 처음이었다.

삼술이는 용모도 뛰어났고 매사가 모나지 않고 분명하고 효성도 지극하여 마을에서 칭찬이 자자했다. 그야말로 중국 당나라에서 관리를 등용할 때 평가의 기준으로 삼았다는 신언서판(身言書判)을 잘 갖춘 멋진 남아였다.

그날부터 왠지 순이의 마음은 설레었다. 하지만, 그 마음을 전할 길이 없었고 보고 싶어도 만날 수 없었다. 때때로 혼자 생각하니 '내 마음이 왜 이럴까' 싶기도 하고 쑥스럽기도 했다. 방안에서 바느질과 꽃과 나비 수만 놓던 그녀가 선이와 윗마을 동산으로 나들이 하는 일이 잦아졌다.

삼술이도 그랬다. 아랫마을 순이가 곱고 착하여 솜씨 좋다는 소문은 들었다. 한마을에 살았으니 어린 시절 만나기도 했지만, 처녀의 모습은 처음이었다. 청순한 그녀의 모습이 아른거리고 살포시 웃는 그 미소가 눈에서 떠나지 않았다. 혹시 만날지도 모른다는 생각에 아랫마을로 자주 내려갔다. 하지만 그들은 마음뿐이었다. 남녀유별이 철벽 같으니 서로의 가슴에 그리움만 사무칠 따름이었다.

고향의 소식을 들은 삼술이는 일이 손에 잡히지 않았다. 자나 깨나 고향 생각뿐이었다. 꿈속에도 고향 산천이 보였고, 가고 싶어 못 견딜 정도로 향수병이 났다. 그래서 친구에게 말했다.
"사직하고 내려가야겠어."
"이만한 돈벌이가 없는데, 좀 더 있다 가지 그래."
"아니야, 어머니께서 많이 걱정하시는 것 같아서 가야 해."
그렇게 삼술이는 고향으로 돌아왔다. 친구도 그 후 경성으로 돌아와 포목상에 취업을 했던 것이다.

고향으로 내려온 삼술이에게 집안에서 혼담 이야기가 있었다. 삼술이는 내심, 아랫마을 순이가 어떠냐고 말하고 싶었지만 도저히 용기를 내지 못했다. 집안에서 반대할지도 모르고, 함부로 말했다가는 소문만 나고 혼인이 성사되지 않으면 무슨 꼴을 당할지도 몰랐다.
순이도 그랬다. 처녀가 감히 입 밖에 낼 수조차 없는 말이라, 마음속 깊은 곳에 더 이상 새길 수 없는 금강석처럼 단단한 돌이 되어 버렸다.
그렇게 서로 그리워만 하다가 순이가 먼저 시집을 갔다. 나이 들어가는 처녀 혼기를 놓칠세라 집안에서 서두른 것이다. 삼술이의 마음은 이루 말할 수 없었다.

'되든 안 되든 염치 불고하고 말이라도 해 볼걸.'

아쉬움과 안타까움으로 후회막급이었다. 고향에 머물러 있었더라면, 일제의 수탈에 고향을 떠나 타관 객지로 다니지 않았더라면 순이와 맺어질 수 있었으련만, 모두 한때 흘러간 청춘의 서글픈 연민의 정으로 아련히 가슴에 묻을 수밖에 없었다.

'시집가서 부디 잘 살아야 한다.'

두 손 모아 기도할 수밖에 없었다.

그러다가 삼술이도 이웃 마을 처녀와 결혼하여 첫딸을 얻었다. 그런데, 이 무슨 일인가. 아내가 그만 병으로 자리에 눕게 되었다. 아내가 위독했다. 산후조리도 어김없이 잘 하였고 평소 아주 건강했는데, 도대체 무슨 병인지 알 수가 없었다. 열이 오르고 내리기를 반복하고 열이 내릴 때는 기운이 돌아와 음식을 조금 먹기도 하였지만, 고열에 시달릴 때는 먹은 것을 다 토하고 혼수상태에 빠졌다.

"장질부사입니다."

보는 의원마다 그렇게 말하며 약을 지어 먹었지만, 차도가 없었다. 의원을 찾아 거리를 멀다 않고 이 마을 저 마을로 수소문하며 헤매었지만, 그 노력도 허사였다. 장티푸스는 역병인데 다른 가족은 아무렇지 않으니 의원의 말 또한 믿을 수가 없었다. 그래서 삼술이는 용하다는 의원을 찾아 나섰다.

"저, 말씀 좀…. 여기 최의원 댁이 어디입니까?"

"아. 네, 저 골목 큰 느티나무가 있는 바로 그 집입니다."

하늘도 무심하시지, 그날도 해 질 녘이 되어서 그 용하다는 의원을 데리고 집으로 왔으나, 아내의 숨결은 경각을 다투고 있었다.

"아아, 으으 흐흠."

약한 숨을 몰아쉬며 아내가 연약해진 힘없는 손을 내저으며 무슨 말을 하려고 했다.

"아아, 아기…."

차마 어린 첫딸을 두고 눈을 감을 수가 없었다. 그렇게 아내는 하늘나라로 갔다. 역병 장티푸스로 그 마을에서 세 사람이나 목숨을 잃었다.

아내가 별세한 지 3년이 지나 삼술이는 새장가를 들어 아들을 낳았다. 딸을 두고 하늘나라로 간 아내의 안타까움과 순이에 대한 그리움을 이제 다 묻어버리고, 그렇게 새 가정의 행복으로 위로받고 기쁨을 얻었다.

경성 여행 이튿날, 삼술이는 친구 안현과 남산으로 향했다. 거리에 사람들이 바쁘게 나다니고 남대문 시장에는 상인들과 손님들이 북적거리고, 충무로 동경 전기의 유성기에서 유명 여가수의 노래가 흘러나왔다.

해방된 역마차에 태극기를 날리며, 사랑을 싣고 가는 서울 거리냐.
울어라 은방울아 세종로가 여기다. 삼각산 돌아보니 별들이 떴네.
자유의 종이 울어 8·15는 왔건만, 독립의 종소리는 언제 우느냐. 멈춰라 역마차야 보신각이 여기다. 포장을 들고 보니 종은 잠자네.
연보라 코스모스 앙가슴에 안고서, 누구를 찾아가는 서울 색시냐.
달려라 푸른 말아 덕수궁이 여기다. 채찍을 휘두르니 하늘이 도네.

노래는 해방 이후의 자유와 사회 변화의 현실을 표현하였다. 일제에서 벗어난 광복의 환희와 함께 혼란한 감정을 동시에 나타내어, 오랜 억압에서 해방된 기쁨과 새로운 국가를 세우는 과정의 불안함을 느끼며, 새로운 미래에 대한 희망과 불확실성을 상징하였다. 해방의 기쁨을 노래하면서 진정한 독립의 실현이 아직 요원한 현실에 대한 아쉬움이 담겨 있었다.

남산마루 언덕배기에 서니 한양의 풍경이 한눈에 들어왔다. 덕수궁이 한 눈에 보였고 북쪽으로 경복궁과 창덕궁도 보였다. 그렇게 경치를 보고 있는 삼술에게 친구가 뜬금없는 말을 했다.
"나도 국민보도연맹에 가입할까 보다."
"국민보도연맹?"
"그래, 남대문 종로 주재소 순사가 찾아와서 권하잖아."
친구는 아직도 지서를 주재소라 하고 순경을 순사라 했다. 그동안 입에 익어서 그런가 보다.
"왜 가입하래?"
"공산주의도 반대하고, 가입하면 배급도 준다고 하니 그래서."
"그래, 그러는 게 좋겠다. 국가에 충성하고 먹을 것도 준다니 일거양득이 아닌가."
삼술이도 보도연맹에 대해 들은 바가 있었다. 또 여러 동네의 사람들이 가입했다는 이야기도 들었다.
1949년 해가 저물어 가고 있었다. 그해, 국민보도연맹 가입자 수가 30만 명에 이르렀다. 설립 당시에는 좌익사상자들을 전향시키는 목적이었으나, 공산주의 확산을 억제하려는 명분으로 관공서에서 독려하여, 지역

별 할당제에 공무원들의 실적주의와 반강제로 많은 사람들이 명단에 이름을 올렸고 어린 중학생과 고교생도 있었다. 서울에만 해도 2만 명이 넘었고, 예술·문학계 유명 인사들 중 황순원, 김기림, 정지용 등이 있었다.

경성여행을 마치고 고향에 내려온 삼술이도 보도연맹 가입신청서에 도장을 찍었다. 청년들 중에 발 빠른 몇 사람이 가입했다. 3일이 지나서 적은 양이지만 배급도 나왔다.

남한에서 보도연맹 가입자가 계속 늘어나고 있던 그때, 북한은 1950년 6월 25일 일요일 새벽 4시 작전명 '폭풍'으로 남한을 기습 공격했다. 3일 만에 서울은 함락되었고 전세가 계속 밀리고 있었다.

그런데 이때, 이승만 정부는 보도연맹 사람들이 조선인민군이 점령한 지역에서 협조할 것이라 생각했다. 정부를 배신하고 북한군과 내통하는 이적행위를 할 것이라 판단한 것이다. 사실 그랬다. 소수이긴 하지만 좌파 사람들 중에는 인민군을 환영하고 합세하여, 미처 피난하지 못한 우파 사람들을 색출하여 무지막지하게 처형했다. 그래서 정부는 아직 전선이 형성되지 않은 남부 지역의 보도연맹 가입자들을 무차별 잡아들여 처단하기 시작했다.

삼술이도 붙잡혀 유치장에 갇히고 말았다. 이 무슨 일인가. 집안이 발칵 뒤집혔다. 삼술이는 아무 잘못도 없었다. 그저 좌익공산주의를 배격하는 단체이고, 정부에서 말하는 자유민주주의가 좋아서 보도연맹 가입에 도장을 찍었을 뿐이다.

"아이고, 우리 셋째 아들 아무 잘못도 없는데 순사가 잡아갔다. 아이고,

이를 어째."

삼술이 어머니 가산 댁은 식음을 전폐하고 마을 사람들에게 구원을 요청했다. 그러나 누구 하나 자기 일 같이 생각하는 사람은 아무도 없었다. 가족뿐이었다.

하지만 가족들도 삼술이가 잘못한 것이 없으니, 곧 풀려나겠지 하고 안일하게 생각하고 있었다. 그러나 삼술이 어머니는 달랐다. 잡혀가면 곧 죽을 것이라 생각하고 한시라도 빨리 빼내야 한다고 사방팔방으로 뛰어다녔다. 면 지서로 달려가서 순경을 붙잡고,

"여보시오 순사님, 우리 아들 삼술이는 아무 잘못도 없심더. 무고한 사람을 왜 잡아 가두나요. 착하다고 소문난 거 다 아시잖소. 풀어 주소. 제발 좀 풀어 주소!"

청년 시절, 삼술이는 면 서기 공무원을 지냈다. 그래서 면과 읍 사람들, 심지어 경주 시내 많은 사람들도 삼술이의 사람됨을 잘 알고 있었다.

하지만 그들은 아무 권한이 없었다. 그들은 명령에 의해 보도연맹 명단에 있는 대로 검거했을 뿐, 상부의 지시 없이는 한 사람도 풀어 줄 수 없는 형편이었다. 이 사실을 안 어머니 가산 댁은 생각했다.

'지금 이들을 붙잡고 늘어져도, 아무리 힘쓰고 애써도 여기서는 안 된다. 윗사람의 명령, 상부의 지시가 있어야 한다!'

판단하고, 황급히 돌아와 가족을 모두 불러 모아 해결책을 모색했다. 첫째 일술이와 둘째 이술이가 연이어 말했다.

"제 친구가 경찰서장과 친하다는데, 알아보겠습니다."

"저도 알아보는 데까지 알아보겠습니다. 너무 걱정하지 마이소."

세 며느리들은 친정으로 달려갔고, 사돈의 팔촌까지 들쑤시며 사람을

보내고 사정사정하며 연락을 취했다. 그렇게 잡혀간 지 이틀이 지나 삼일이 되던 날이었다.

"따르릉, 따르릉."
"네, 경주경찰서입니다."
"이봐, 여기 경찰국이야. 서장 바꿔 봐."
"네! 알겠습니다!"
"서장님, 국에서 전화가 왔습니다."
"그래?"
"네, 서장입니다."
"거기 붙잡힌 자 중에 무고한 사람이 있다는데…."
"네에? 그래요. 예, 예, 확인해 보고 연락드리겠습니다."

그리하여 삼술이는 그 사지에서 벗어날 수 있었다.
정부는 공산주의 좌파들을 두려워하여 전국 각 지역에서 보도연맹 가입자들이 무차별적으로 학살했다.
"가입을 권할 때는 언제고, 이렇게 주검의 구덩이로 몰아넣다니."
죽음으로 휘몰린 사람과 그 가족들의 원성은 날로 높아지고 원한에 사무치고 있었으나, 정부에서 하는 일로 단 한 번의 실수, 보도연맹에 가입한 잘못으로 이렇게 당하리라 생각도 못 하여 억울하였지만 누구에게도 항거할 수 없었다.
학살 주체는 군 특수부와 헌병이었다. 특히 최후방이었던 경상도 일대에 학살이 심했는데, 산골짜기, 산비탈, 갱도에서 한꺼번에 총살당했다.

이렇게 6.25 전쟁 중에 정부의 민간인 학살이 국제적으로 비판 대상이 되자 미국은 민간인을 죽이지 말라고 경고하기에 이르렀다. 급기야 이승만 대통령이 학살 중지 명령을 내렸으나 이미 수많은 사람이 피해를 본 후였다.

그런 가운데도 목숨을 건진 사람도 있었다. 범울리의 삼술이와 까치마을 최현규와 같은 사람들이었다.
"여보게, 여기서 만나네."
"그러게 말이야, 나는 아무것도 모르고 도장만 찍었는데."
"나도 가입하면 좋을 거라고 해서 도장을 찍었어. 이렇게 될 줄 누가 알았나."
그는 무척 후회하고 있었다. 그러나 지금 와서 무슨 소용 있으랴. 어떻게 이 사지를 벗어나야 할지 막막하기만 했다.
이튿날 그들은 다섯 사람씩 한 줄의 포승줄에 묶여 군용트럭을 탔다. 차가 출발하려는 그때였다. 인솔 지휘 장교가 큰 소리로 말했다.
"이삼술, 여기 이삼술 씨 없나?"
상병이 들고 있는 명단을 보더니,
"네, 이 차에 타고 있습니다."
"어이, 이삼술! 이삼술 씨!"
"네, 제가 이삼술입니다."
"어서 빨리, 차에서 내려!"
장교의 명령에 상병은 삼술에게 다가가 줄줄이 엮여 있는 포승을 풀었다. 그때, 삼술이는 일어나려다 털썩 주저앉으며 말했다.

"아, 오금이 저려…."

하고 다시 일어나면서 비틀거리며 현규 쪽으로 쓰러지는 척하며, 슬쩍 묶인 매듭을 잡아당겼다. 당연히 쉽게 풀리지 않았다.

"뭘 꾸물거리는 거야! 빨리 내리지 않고."

"아아, 오금이 저리고 다리가 후들거려."

엄살을 부리며 일어나는 척하고 다시 끈을 풀었다. 하지만 완전히 풀리지 않았고, 더 이상은 어쩔 수 없었다.

차에서 내린 삼술이는 헌병에 인계되어 군용 지프차에 올랐다. 차는 곧 출발하였고 트럭과 지프차의 간격은 점점 멀어져 갔다. 삼술이는 집으로 돌아왔고 현규는 군용트럭에 실려 사지로 끌려갔다.

해가 기울고 있었다. 군 트럭은 도심을 벗어나 한적한 시골 마을로 접어들었다. 그동안 현규는 감시병의 눈치를 살피며 손목을 이리저리 비틀어, 풀리다 남은 포승줄을 완전히 풀었다. 옆에 있던 사람이 현규를 빤히 보고 있었다.

"쉿!"

검지를 입술에 대던 그 순간, 감시병이 머리를 돌려 현규를 바라보았다.

'아차!'

하마터면 들킬 뻔했다. 현규는 아무 일 없었다는 듯 고개를 푹 숙이고 실눈을 하여 슬쩍 감시병을 살폈다. 그는 전혀 모르고 있었다.

저 멀리 산골짜기가 보였다. 그곳이 바로 그들이 묻힐 사지였다. 차의 속도가 점점 느려지고 있었다. 좁은 시골길이라 운전을 조심할 수밖에 없는 상황이었다. 그때, 앞서가던 트럭의 바퀴가 물구덩이 도랑에 빠졌다. 차가 멈추자 감시병은 앞차에 신경 쓰고 있었다.

현규는 그 순간을 놓치지 않고 옆과 앞사람의 끈을 풀었다. 줄이 풀린 사람들은 감시병을 살피며, 그렇게 서로 또 다른 사람의 끈을 풀어 주었다.

감시병이 뒤를 돌아보았다. 그러자 모두 언제 그랬냐는 듯, 먼 산을 바라보기도 했고 잠든 척 고개를 숙이기도 했다. 산골짜기에는 새소리만 들릴 뿐 사방은 온통 조용하기만 했다.

주위를 살피던 감시병은 별다른 일이 없자 다시 앞차를 바라보았다. 잠시의 시간이 흘렀다. 겨우 물구덩이에서 벗어난 앞차가 출발하려 할 때였다. 발 빠른 한 사람이 차에서 뛰어내려 도망치기 시작했다. 그러자 몇 사람이 우르르 뛰어내렸다.

"아니, 이 녀석들이!"

감시병이 총을 겨누어 방아쇠를 당겼다.

"탕! 탕탕탕!"

하지만 모두 빗나갔다. 갑작스럽게 쏘니 그럴 수밖에 없었다.

"탕! 탕탕탕!"

연달아 또 총을 쏘아댔다. 하지만 움직이는 표적이 쉽게 맞을 리 없었다.

그 순간, 현규와 함께 차에 남아있던 사람들도 뛰어내려 도망가기 시작했다.

"탕! 탕탕탕!"

총알이 현규의 귓전을 스쳤다. 천만다행이었다. 도망자들은 모두 최대한 낮은 포복을 하여 은폐지를 찾아 몸을 숨겼다. 감시병이 차에서 내려 추격하며 총을 쏘았다. 총알 하나가 현규의 머리 앞에 서 있는 큰 소나무에 박혔다. 잠시 총소리가 멈췄다.

"철커덕, 철커덕!"

감시병이 탄알을 채우고 있었다.

'이때다!'

현규는 죽을힘을 다해 산골짜기 숲을 향해 달렸다. 일단 몸은 숨겼지만 추적자들과의 거리가 멀지 않았다. 허겁지겁 무조건 위를 향해 달렸다. 산꼭대기로 오르는 길에 큰 바위가 있었다.

'여기 숨을까?'

숨을 헐떡이며 잠시 멈추었다가,

'아니야, 무조건 이곳을 벗어나야 해. 멀리 도망가야 해!'

한참을 가니 산마루가 보였다. 가까스로 위에 올라 아래를 내려다보았다. 몇몇 경비병들이 흩어져 숲을 뒤지며 수색하고 있었다. 현규는 산등성이를 넘어 더 깊은 골짜기로 들어갔다. 온몸이 땀으로 흠뻑 젖어 있었다. 어느덧 뉘엿뉘엿 해가 지고 어둠이 깔리기 시작했다. 산속이라 어둠이 빨리 왔다. 사방이 온통 어두움에 덮이자 더 이상 앞으로 나아갈 수가 없었다.

'잠자리를 마련해야겠어. 그런데 뭐가 보여야 말이지.'

어두컴컴한 사방을 둘러보던 그는 초승달 나무 사이로 제법 큰 바위 하나를 발견했다. 바위에 비스듬히 등을 기대어 보니 그런대로 하룻밤을 지낼 수 있을 것 같았다.

초사흘 조각달은 서산으로 꿀깍 넘어가고, 하늘은 이 고난을 아는지 모르는지 수많은 별들로 반짝이며 비추었고 저 멀리 남쪽 하늘에는 유성이 포물선을 그리며 떨어지고 있었다.

현규가 깨어난 것은 날이 밝아 올 무렵, 다리 위에 서늘하고 뭉클한 무엇을 느낄 때였다.

"으아악!"

구렁이였다. 온몸에 소름이 오싹 끼쳤다. 구렁이는 느리게도 구불구불 기어 수풀 속으로 사라졌다.

"휴우, 십년감수했네~."

한숨을 몰아쉬며 놀란 가슴을 진정시켰다.

"구렁이가 있으면, 가까이에 마을이 있다."

옛날 어른들의 말이 생각났다. 아닌 게 아니라 몇 걸음을 가니, 아늑한 산골 마을에 조그만 교회가 보였다. 문득 어릴 때의 일이 생각났다.

현규는 한때 교회에 나간 적이 있었다. 어린 시절 크리스마스 때였다. 처음에는 교회가 어떤 곳인지 몰랐다. 그가 있는 까치마을은 작은 동네라 교회가 없었다.

하루는 친구가,

"우리, 유금에 있는 예배당에 가 보자. 거기 가면 알엿도 준다 카더라."

"거기가 뭐 하는 덴데."

"사람들이 모여 하나님께 기도하고 노래도 하고 맛있는 떡, 서양 떡도 먹는데."

맛있는 것을 먹는다는 말에 현규는 귀가 솔깃했다. 그때 친구가 말한 알엿은 알사탕이고 서양 떡은 바로 빵이었다.

"그라머, 우리 같이 가보자."

현규는 친구와 같이 십리 길을 걸어 예배당에 도착했다. 그날 현규는 모든 것이 새롭고 처음 보는 것들에 놀랐다. 많은 아이들, 그중에 예쁜 여자아이들이 아름다운 목소리로 노래 부르는 모습에 놀랐고, 또 남자애들이 성경 구절을 척척 외우는 용기에 놀랐다.

그날 이후, 현규는 친구와 같이 교회에 나갔다. 주일 학교 생활이 재미있고 즐거웠다. 요절도 잘 외웠고 크리스마스 때 연극도 잘 했다. 가끔 사탕과 빵, 과자도 먹었는데 현규는 한두 개씩 주머니에 넣어와 동생에게 주었다. 동생은 아직 너무 어려 십 리나 되는 교회에 갈 수 없었다.

그러다가 중학교에 입학할 나이가 되어 친구는 이사를 갔다. 그렇게 되고 보니 교회에 가는 날이 점점 줄어들고 시들해져, 더 이상 다니지 않게 되었고 아예 교회를 잊어버리고 살았다.

"아, 그 시절이 그립구나! 그때가 정말 좋았는데."

현규는 옛날 생각을 하며 쫓기는 신세도 잊어버린 채 교회로 발길을 옮겼다.

김주영 조사는 그날도 새벽 시간, 예배당 바닥에 엎드려 기도하고 있었다.

"주여, 이 나라를 불쌍히 여기소서. 북한 공산당이 남한을 침공하여, 많은 젊은이들이 피를 흘리고 있습니다. 주여, 우리를 구원하소서."

김 조사는 개성에서 미국 장로교회 선교사의 전도를 받고 크리스천이 되었다. 그의 믿음은 열심이 남달랐다. 성경을 꾸준히 읽고 날마다 선교사와 함께 전도하며 교회 일을 앞장서서 도맡아 했다. 그래서 삼 년이 지나 선교사를 돕는 조사가 되었다. 많은 사람들이 복음을 듣고 몰려왔고 교회는 날로 부흥했다.

그런데 북쪽으로 소련 공산당이 들어와 점령하고 김일성이 38선 이북을 장악하면서, 기독교 박해가 시작되었다. 이에 견디지 못하고 잠시 피해야겠다는 생각에 혼자 월남하였는데, 다시 돌아가지 못하고 이 오동산골 마을에 들어와 작은 예배당을 지은 것이다.

"똑똑! 똑똑똑!"

교회 현관문을 두드리는 소리가 들렸다.

"누구지? 이 시간 아무도 올 사람이 없는데."

여름이라 아직 이른 시간인데도 날이 훤히 밝아 있었다. 기도하던 김 조사는 일어나 현관문을 열었다.

"도와주세요. 쫓기는 몸입니다."

"누구신데 이 시간에, 누구에게 쫓기고 있소"

"저는 아무 잘못도 없는데, 도망가는 신세가 되었소. 제발 도와주세요."

김 조사는 망설이고 있었다.

'누군지도 모르는 사람을 도와주었다가 화라도 당하면, 함부로 남을 돕다가 낭패를 당할지 모르니 어쩐다.'

김 조사가 주저주저하자 현규는 다급해졌다.

"경찰이 찾아올지도 모릅니다. 제발 숨겨주세요."

경찰이라는 말에 김 조사는 더욱 망설여졌다.

'선량한 경찰이 추격하는 사람이면, 범죄자가 아닌가?'

김 조사가 어떻게 해야 할지 몰라 하며 마냥 서 있자, 현규는 절박한 마음으로 말했다.

"제발 도와주세요. 집에서 아내와 아이들이 애타게 기다리고 있소. 제발!"

아내와 아이들이 애타게 기다리고 있다는 말에 김 조사의 마음이 움직였다.

'누군지 모르지만, 일단 도와주고 보자. 원수를 사랑하라는 말씀도 있잖아.'

"아무튼, 들어오시오."

예배당으로 들어간 현규는 바닥에 무릎을 꿇고 기도했다. 참으로 오랜만에 하는 기도였다.

"하나님, 살려 주소. 제발 살려 주소. 이 고난이 무사히, 지나가도록 도와주세요."

현규는 어릴 때 고사리 두 손 모아 기도하던 생각을 떠올렸다.

"하나님, 내일 시험이 있는데, 점수 많이 오르게 해 주세요."

그러나 점수는 전혀 오르지 않았고, 오히려 그전보다 더 떨어진 성적표를 받았다. 공부는 하지 않고 놀기만 하다가, 기도해서 성적이 오르기를 바라니 될 리가 없었다. 현규가 그때 깨달은 것은 "하늘은 스스로 돕는 자를 돕는다."는 것이었다.

"하나님, 이 기도를 들어주소서. 힘과 용기를 주셔서 이 환란을 속히 피할 수 있도록 도와주소서."

그렇게 온 정성을 다해 기도하고 있는 그때, 현관문 두드리는 소리가 들렸다.

"똑똑! 똑똑똑!"

"아차!"

현규는 잽싸게 일어나 예배당 뒷문으로 빠져나갔다. 교회 옆에는 작은 곳간이 있었다. 여러 가지 집기들이 정돈되어 있는 구석 한쪽에 짚 더미가 쌓여있고, 벽으로 막 쓰는 물건들이 걸려 있었다. 몸을 숨길만한 곳은 짚 더미밖에 없었다.

그 사이에 교회의 현관문이 열렸다.

"여기 낯선 사람 오지 않았소?"

관할 순경이 도망자를 수색하여 사살하라는 연락을 받고 찾아 온 것이다. 김 조사는 아무 말 없이 고개만 설레설레 흔들었다.

거짓말에도 하얀 거짓말과 새빨간 거짓말이 있다.

일제 말이었다. 한국교회 초기에 목사님 한 분이 티끌만큼이라도 나쁜 짓은 물론이거니와 어떤 경우에도 거짓말을 하면 절대 안 된다는 신념을 갖고 있었다. 그러던 어느 날 일본 순사에게 쫓기는 독립군을 짚 더미에 숨겨준 일이 있었다.

총을 든 순사가 무서운 눈초리로 바라보며 말했다.

"여기 도망가는 사람 오지 않았소?"

그 목사님은 아무 말도 하지 않고, 손을 주머니에 넣고 짚 더미 쪽으로 검지 하나를 펴고서 고개만 흔들었다. 그래서 거짓말은 결코 하지 않았다는 생각을 하고 있었다.

김 조사도 그랬다.

사람은 자기도 모르게 하루에도 수십 번이나 거짓말을 한다는데, 그들은 정말 대단한 사람들이다. 하지만 나쁜 일에 동조하지 않고, 생활에 활력을 주는 하얀 거짓말은 좋은 것이 아닌가.

교회 안을 살펴보던 순경은 교회 뒤쪽으로 발길을 옮겼다. 곳간 문을 열고 들어가 총으로 짚 더미를 휘적휘적 뒤졌다.

"후다닥."

"어어, 엇!"

작은 고양이 만한 쥐 한 마리가 쏜살같이 문밖으로 달아났다. 적잖이 놀란 그는 한걸음 뒤로 물러서서 거총 자세를 취하며 밖으로 나왔다. 아무도 없자 순경은 교회를 한 바퀴 둘러보고 나서, 이곳저곳 주변을 살피며 아랫마을로 향하였다.

그때, 곳간으로 들어갔던 현규는 짚 더미에 숨으려던 순간 생각을 바꿨다.

'아니야, 이곳에 있으면 꼼짝 못 하고 잡히고 만다. 독 안에 든 쥐!'

밖으로 나온 그는 주변에 더 이상 숨을 곳이 없자, 떠오른 곳은 지난밤 그 바위였다. 얼른 바위 있는 곳으로 올라갔다. 그는 바위 위에 엎드려 교회를 바라보았다. 순경이 곳간으로 들어가고 있었다.

"아아, 하마터면…."

그 짧은 순간에 조금만 생각을 잘못했더라도 그대로 잡히고 말았을 것이다. 지혜의 하나님이 피할 길을 주신 것이다.

"그가 내게 부르기를 주는 나의 아버지시요 나의 하나님이시요 나의 구원의 바위시라 하리로다(시 89:26)."

경찰이 내려가자 현규는 이대로 집으로 갈까도 생각했다.

'아니야, 지금은 수배 중이라 아주 위험해.'

빨리 집으로 가고 싶었지만 좀 더 시간을 두어야 한다는 생각에, 다시 교회로 발길을 돌렸다. 다른 곳으로 간다 한들 위험하기는 마찬가지고 교회가 제일 안전할 것 같았다.

"아니, 왜 집으로 가지 않았소?"

김 조사가 의아해하며 물었다.

"지금 집으로 가면 수배하는 경찰에게 잡힐 게 뻔합니다. 며칠이라도 머물 수 있도록 도와주세요."

김 조사는 망설였다.

"제발 도와주세요. 사람 하나 살려주세요."

이렇게 간절히 애원하니 더 이상 거절할 수 없었다.

사람이 살아 보겠다는데, 생명을 중시하는 하나님의 사람이 선을 베풀어야 하는 것은 당연한 일이 아닌가.

다시 교회로 들어간 현규는 자신이 죄를 짓거나 잘못한 일은 티끌만큼도 없었고 단지 보도연맹에 가입한 일로 그렇게 된 것이라고, 그동안 일어난 사실들을 대충 이야기했다. 김 조사도 보도연맹에 대해 조금은 알고 있었다.

전투는 더욱 치열해지고 있었다.

국군은 피를 흘리며 싸웠지만 버티지 못하고 후퇴를 거듭했다. 7월 5일 최초의 유엔군 스미스 특수임무대가 오산 죽미령에서 싸웠으나 숫자가 워낙 적어 고전을 면치 못하다 퇴각했고, 이후 참전국이 늘어 유엔군이 잇따라 입국하여 도왔지만 적의 기세는 꺾이지 않았다. 결국 대구, 영천, 경주, 포항, 창녕, 함안, 고성에 이르는 낙동강 방어선을 구축하여 버티고 있었다.

피난민들이 오동산골 마을로 들어왔다. 그리 많지는 않았고 몇몇 가정이 둔덕이나 산비탈 아래에 움막을 지어 거주지를 마련하였다.

주일이 왔다. 피난민 중에서 몇몇 사람들이 참석하였고, 김 조사의 목소리에 힘이 실렸다. 이웃 사랑에 대한 말씀이었다.

"너는 네 백성 중에 돌아다니며 사람을 비방하지 말며 네 이웃의 피를 흘려 이익을 도모하지 말라.… 원수를 갚지 말며 동포를 원망하지 말며 네 이웃 사랑하기를 네 자신과 같이 사랑하라 나는 여호와이니라(레 19:16-18)."

"피차 사랑의 빚 외에는 아무에게든지 아무 빚도 지지 말라 남을 사랑하는 자는 율법을 다 이루었느니라.… 그 외에 다른 계명이 있을지라도 네 이웃을 네 자신과 같이 사랑하라 하신 그 말씀 가운데 다 들어있느니라. 사랑은 이웃에게 악을 행하지 아니하나니 그러므로 사랑은 율법의 완성이니라(롬 13:8-10)."

그렇게 한여름이 지나가고 있었다. 사람들은 전쟁이 하루빨리 끝나기를 바랐으나 언제 끝날지를 몰랐다. 그러다 보니 무엇보다도 먹을 것이 문제였다. 처음에는 마을 사람들도 서로 나누어 먹었지만 점점 인색해 지기 시작했다.

산과 들에 풀뿌리, 나무껍질, 개천의 작은 물고기까지 씨가 말라갔다. 그래도 다행인 것은 여름이라 춥지 않았고 식물이 빨리 자라 푸성귀는 그나마 나눠 먹을 수 있었다.

그러던 어느 날 공산군이 오동마을로 들어왔다. 숫자는 많지 않았고 그들 중에는 다리를 절룩거리고 팔에 붕대를 감은 부상병도 몇 사람 있었다. 사람들은 몹시 두려워했다. 국군은 오지 않고 인민군이 왔다는 것은 전투에서 밀리고 있다는 증거가 되니 그럴 수밖에 없었다.

"이러다가 빨갱이 세상이 되는 것 아냐?"

"그러게 말이야. 유엔군이 참전하고 있다는데 그들을 못 당하고 있으니 정말 어떻게 되는 게 아닌지 걱정이 이만저만 아니야."

인민군이 마을 위로 올라와 교회로 들이닥쳤다. 성경을 보고 있는 김 조사에게 총을 겨누며 소리쳤다.

"손들어!"

갑자기 일어난 일에 놀란 김 조사는 엉거주춤 머리에 손을 올렸다.

"또 다른 사람은 없어? 수색해 봐!"

분대장으로 보이는 사람이 명령했다. 부하들은 방과 부엌과 곳간을 뒤졌다.

"다른 사람은 없습네다."

부하 한 사람이 거수경례를 하며 보고했다.

"종교를 믿는 자는 반동분자다. 포박해!"

김 조사는 꼼짝 못 하고 밧줄에 묶이고 말았다.

산비탈에서 푸성귀를 뜯던 현규는 인민군이 교회로 들어가는 것을 목격했다. 갑작스런 일이라 놀라고 두려워서 얼른 산의 바위 쪽으로 몸을 피했다.

'겨우 평안한가 했더니 또 어려움을 당하는구나. 이 일을 어쩌나!'

바위에 엎드린 그는 인민군의 동태를 살폈다. 그들은 교회 주변을 뒤지고 있었다.

'어떻게 해야 하나. 이 일을 어쩌나. 주여!'

기도가 절로 나왔다. 무엇보다도 김 조사가 걱정되어 몸 둘 바를 몰랐다. 심장이 두근거렸다.

'무슨 일이 일어난 것 같은데, 다행히 총소리는 들리지 않았으니 큰 불상사는 없는 모양이야.'

그는 두근대는 가슴을 진정시키고 근심하며 바위에 납작 엎드려 교회를 바라보았다. 한여름의 뜨거운 태양 볕에 교회 지붕 위의 나무 십자가가 반짝이고 있었다. 한숨과 함께 기도가 절로 나왔다.

"주여!"

그때였다. 김 조사가 묶인 채 교회 마당으로 끌려 나와 무릎을 꿇고 있지 않는가!

"아, 안 돼!"

현규는 더 이상 거기에 머물러 있을 수 없었다. 벌떡 일어나 비탈길로 뛰어 내려갔다.

"후다닥, 쿵쿵쿵!"

그 다급한 발소리에 놀라 뛰어나온 사람은 혼자 피난을 와 언덕 아래 움막에서 생활하고 있는 건장한 청년 강돌석이었다.

"무슨 일이오?"

"김 조사, 김 조사님이 위험합니다!"

현규는 더 이상 말할 수 없었고, 교회 앞마당의 그들을 응시하며 마냥 뛰었다. 김 조사가 위급하다는 말에 돌석이도 현규의 뒤를 따랐고, 언덕 아래서 나물을 뜯던 몇몇 여인들도 이 광경을 보고 그들이 뛰어가는 곳으로 향했다. 숨이 목에까지 찬 현규는 인민군들을 바라보며 다급히 말했다.

"아아, 안 돼요! 안 됩니다!"

인민군들이 그를 보고 총을 겨눴다. 그러자 분대장은,
"쏘지 마라!"
부하들에게 황급히 명령하고 권총을 공중으로 향했다.
"탕!"
공포탄을 쏘았다.
"반동분자만 처벌하면 돼! 선량한 인민의 피해가 있어서는 안 된다!"
분대장의 명령에 부하들은 총을 거두었다. 현규는 더욱 용기를 내어 그들 앞으로 다가섰다.
"탕!"
한 번 더 공포탄을 쏘며 분대장이 말했다.
"거기 멈춰! 더 이상 움직이면 쏜다!"
하지만 현규는 멈출 수 없었다. 그는 숨을 헐떡이며 분대장에게 애원했다.
"살려 주소. 김 조사님은 아무 잘못이 없습니다. 제발 살려 주소!"
"저리 비켜! 반동분자는 척결돼야 해!"
분대장은 막아서는 현규를 밀치고 김 조사에게 총부리를 겨누었다.

조용하던 마을에 갑자기 두 번의 총성이 울리자 마을 사람들은 너 나할 것 없이 모두 집으로 들어가 몸을 숨겼다. 총소리에 깜짝 놀란 산새들이 한꺼번에 날개를 펄럭이며 솟아올랐다. 그렇게 한참을 지나도 더 이상은 총성은 들리지 않았고, 새들은 언제 그랬냐는 듯 평온을 되찾으며 평화롭게 숲속을 날고 있었다. 더 이상 별다른 일이 일어나지 않자 마을 어귀로 사람들이 모였다. 그중에서 한 젊은이가 말했다.

"무슨 일이 생긴 것 같은데 한 번 가봅시다."

"그럽시다. 교회 쪽에서 총소리가 난 것 같은데…."

몇몇 젊은이들이 용기를 내어 윗마을로 올라갔다. 교회 앞마당에는 분대장이 김 조사를 향해 총을 겨누고 있었고, 현규가 두 팔을 벌려 그를 막으며 애원하고 있었다.

"아, 안 됩니다! 안 돼요! 제발 살려 주소."

그러나 분대장은 막무가내였다.

"종교를 믿는 자는 반동분자다. 살려 두면 우리가 위험해!"

그 말에 현규는 이마에 흐르는 땀을 훔치며 말했다.

"저도 하나님을 믿습니다. 하지만 나쁜 사람이 아닙니다. 우리 모두 선량한 백성입니다."

"뭐라고 이 반동 간나쌔끼!?"

분대장이 현규를 향해 총을 겨눴다. 그때였다. 지켜보던 강돌석이 순식간에 분대장을 덮쳤다. 분대장은 들고 있던 권총을 떨어뜨리며 옆으로 쓰러졌다. 잽싸게 총을 잡은 그는 분대장을 겨누며 소리쳤다.

"모두 물러서!"

순식간에 일어난 일이었다.

"모두 총 내려!"

그는 분대장 머리에 총을 들이밀고서 부하들을 바라보며 고함쳤다. 부하들이 머뭇거리고 있자 분대장이 다시 소리쳤다.

"뭐 하는 거야! 어서 총 내려놔!"

부하들은 어쩔 수 없이 모두 총을 바닥에 놓았다. 그때, 마을의 젊은이들이 모두 달려들어 그들의 총과 칼, 실탄을 빼앗고 밧줄로 포박했다. 분대장까지 모두 아홉 명이었다.

　북한군들이 모두 잡혀 밧줄에 묶여 있다는 사실이 알려지자 마을 사람들이 교회로 몰려왔다. 남녀노소, 어린아이들에 이르기까지 구경거리나 되는 듯 그들을 둘러싸고 한 마디씩 하였다.

　"아니, 어떻게 총을 가진 군인들을 제압했나?"

　"그러게 말이야, 우리 마을 청년들 정말 대단하다."

　"괴뢰군이라 해서 무서울 줄 알았는데 우리와 다를 바 없구먼."

　"저 청년은 나이가 좀 어려 보여 애송이 같아."

　"어깨에 붉은 띠가 있는 저 청년이 대장인가 봐."

　북한군 아홉 명 중에 부상자가 넷이었는데, 셋은 상처가 가벼웠지만 한 사람은 심했다. 다리를 절룩거리며 아파했고 피를 많이 흘려 그대로 놔두면 죽을 수도 있을 것 같았다. 김 조사와 현규는 그들이 가지고 있는 약상자를 열어보았다. 소독약과 연고, 그리고 몇 가지 약뿐이고 붕대는 없었다.

　"어디, 무명 헝겊이나 삼베 조각은 없소. 상처를 더 묶어야겠는데…."

　김 조사의 말에 발 빠른 한 여자가 집으로 달려가더니 적삼 조각을 들고 왔다. 김 조사는 부상병의 상처를 소독하고 연고를 바른 뒤 다잡아 매었다. 더 이상 피가 흐르지 않았다. 그리고 냉수 한 사발에 소금 반 숟갈을 타서 마시게 했다. 이 모습을 바라보던 분대장은 아무 말 없이 고개를 숙였다. 그는 울먹이며 흐느끼고 있었다.

　분대장은 어릴 때 교회에 다닌 적이 있었다. 그의 할아버지는 청년 시절 평양대부흥이 일어난 1907년 장대현교회에서 열린 평안남도 동계 남성사경회 때 전도를 받고 교인이 되었다.

1777년 조선에 처음 복음이 전래될 때 성경을 서학, 천주학으로 일컬으며 남인 소장파 정약용, 이승훈, 이벽, 권일신이 학문으로 연구하였고 실천학으로 수용했다. 그러다 6년이 지난 1783(정조 7)년 12월에 이승훈이 동지사 일행과 함께, 서장관(書狀官) 아버지 이동욱을 따라 북경으로 갔다. 그곳에서 여러 날 남천주당을 찾아가 교리를 배우던 이승훈은 신묘한 가르침에 끌려 세례를 받고 조선 최초의 세례교인이 되었다. 이것은 기독교 역사상 매우 놀라운 사건이었다. 선교사들이 복음을 전하지도 않은 나라의 젊은이가 자진하여 세례를 받은 것은 유례없는 일이었기 때문이다.

동지사 일행이 돌아오고 1년이 지나서 명례방 사건이 일어났다. 명례방(明禮坊)은 한성 5부에 속하는 남부 11방(坊)의 하나로 현재 명동 부근을 말한다. 천주학도들은 음력으로 매월 7, 14, 21, 28일을 주일로 지키며 비밀리에 모임을 가졌는데, 1785년 3월, 역관 김범우의 명례방 집에서 이승훈과 정약전, 정약종, 정약용 삼 형제와 권일신 부자 등 10여 명이 순라군 포졸들에게 체포된 것이다. 그들은 형조로 끌려가 심문을 받고 양반 출신들은 모두 훈방으로 풀려났는데 중인 김범우는 귀양을 갔다. 이 사건을 계기로 한국천주교는 1898년 첫 번째 주교성당으로 명동성당을 세운 것이다.

명례방 사건 이후 약 100년간 천주교는 많은 박해를 받으며 고난을 당하고 많은 순교자가 배출(輩出)되었다.

19세기 말이 되어 조선은 세도정치로 부패하여 쇠약해졌고 중국은 청일전쟁의 참패로 무너져갔다. 시모노세키조약과 영일동맹을 지켜보던 러시아는 삼국간섭을 통해 연해주를 빼앗아 남하를 발판 삼았고, 강화도조

약 이후 일본은 한일합병을 준비하고 있었지만, 조선은 아무런 대책도 세우지 못하고 무기력하기만 했다. 이에 불안을 느낀 백성들은 선교사들이 전하는 복음을 듣고 진리의 말씀에 위로받으며 국태민안 평안을 기원할 수밖에 없었다.

1884년 12월 미국에서 일본으로 가는 배 한 척이 샌프란시스코를 출발하였다. 그 배에는 미국 북 장로회 해외 선교부에서 임명된 조선 최초의 장로회 선교사 젊은 청년 목사 언더우드가 타고 있었다. 언더우드는 목사 안수를 받고 1년 동안 인도 선교를 꿈꾸며 의학 공부를 했는데, 인도가 아닌 조선 선교사로 임명된 것이다. 언더우드가 탄 배는 호놀룰루를 거쳐 다음 해 1월 요코하마에 도착하였다.

그러나 조선은 개화파가 일으킨 갑신정변으로 매우 혼란하였다. 그래서 바로 입국하지 못하고 일본에 머물러야 했다. 그는 머무르는 동안 조선의 기독교인 문서선교사 이수정에게 일본어와 한문 성경에서 한글로 번역한 마가복음서로 한국어를 배우면서 조선 선교를 더욱 단단히 준비하였다. 그렇게 몇 개월이 지나서 조선의 사회가 안정되자, 언더우드는 1885년 4월 2일 일본에서 출발하는 관부연락선에 승선하였다. 새로운 땅으로 향하는 길, 두려움보다는 사역에 대한 희망과 의지가 가득했다. 배는 출렁이는 대한해협의 거친 파도를 헤치며 부산항으로 들어왔다.

그로부터 3일이 지난 그날은 4월 5일 부활절이었다. 이른 아침 언더우드는 미국 북 감리회 선교사 아펜젤러를 만나 함께 부산에서 인천 제물포로 향하는 작은 증기선 탔다. 그들은 남해의 한려수도를 바라보며 감격에 겨워 하나님이 지으신 아름다운 이 낯선 땅, 조선에서 담대하게 복음을 전하게 해달라고 기도했다. 아펜젤러의 일행 중 다른 한 청년은 임신한 아내의 손을 꼭 잡고 서로 격려하며 눈물을 흘렸다.

해가 서쪽으로 기우는 오후가 되어 선창에는 작은 고깃배들이 매여 있고, 어부들을 태운 배 몇 척은 출렁이는 파도에 흔들거리고 수많은 갈매기들이 포구를 날며 짝을 지어 갯바위에 앉기도 하고 물질을 하며 하얀 깃을 펄럭이고 있었다. 그들은 그렇게 산 설고 물 설은 미지의 낯선 땅 조선 제물포항에 도착하였다.

보이지 않는 조선의 마음 [19]

주여! 지금은 아무 것도 보이지 않습니다.
주님! 메마르고 가난한 이곳 조선 땅
나무 한 그루 시원하게 자라 오르지 못하고 있는
이 땅에 저희들을 옮겨와 심으셨습니다.

그 넓고 넓은 태평양을 어떻게 건너왔는지
그 사실 자체가 기적입니다.

---

[19] "보이지 않는 조선의 마음"의 이 글은 언더우드의 기도로 알려져 있지만, 사실은 1984년에 발표한 정연희의 장편소설 《양화진》(1984, 개정판 1992) 235쪽에 나오는 유사 내용으로, 어떤 사람이 2010년에 시인 김옥춘의 "나는 행복합니다"와 합작하여 서울 어느 병원에서 저작자의 이름 없이 붙여 놓았는데, 이것을 또 어떤 사람이 '언더우드의 기도'로 바꾸어 놓은 것이다. 사실 선교사 "언더우드의 기도 낙서장"은 존재하지 않는다. 그렇다면 누가 이 기도문을 퍼트렸는가? 이 글을 읽고 감동을 받은 사람이, 역사적으로 있을법한 사실 같으므로 "언더우드의 기도"로 붙인 것이다. 아무튼 이 기도문은 단어 하나하나 구구절절이 오늘도 어디선가 힘들고 어려운 하루하루를 살아가고 있을 선교사들과 많은 사람들에게 깊은 공감을 주는 글이다. 또 이 시를 "언더우드의 기도"로 작곡하여 복음성가로 불리고 있다.

지금은 아무 것도 보이지 않습니다.
보이는 것은 그저 고집스럽게 얼룩진 어둠뿐
어둠과 가난과 인습에 묶여 있는 조선 사람뿐입니다.

그들은 왜 묶여 있는지도
고통이라는 것도 모르고 있습니다.
고통을 고통인 줄 모르는 자에게
고통을 벗겨 주겠다고 하면 의심부터 하고 화를 냅니다.

조선 남자들의 속셈이 보이지 않습니다.
이 나라 조정의 내심도 보이질 않습니다.
가마를 타고 다니는 여자들을
영영 볼 기회가 없으면 어쩌나 합니다.
조선의 마음이 전혀 보이지 않습니다.
그리고 저희가 해야 할 일이 전혀 보이지 않습니다.

그러나 주님! 순종하겠습니다.
겸손하게 순종할 때 주께서 일을 시작하시고
그 하시는 일을
우리들의 영적인 눈으로 볼 수 있는 날이 있을 줄 믿나이다.

믿음은 바라는 것들의 실상이요
보지 못하는 것들의 증거니라고 하신 말씀을 따라

조선의 믿음의 앞날을 볼 수 있게 될 것을 분명 믿습니다.

지금은 우리가 황무지 위에
맨손으로 서 있는 것 같사오나
지금은 우리가 양 귀신 서양 귀신이라고
손가락질 받고 있사오나
자녀들이 우리 영혼과 하나인 것을 깨닫고
하늘나라의 한 백성 한 자녀임을 알고
눈물로 기뻐할 날이 있음을 믿나이다.

지금은 예배드릴 예배당도 없고 학교도 없고
그저 이곳 모든 사람들로부터
경계의 의심과 멸시와 천대함이 가득한 곳이지만
이곳이 머지않아 은총의 땅이 되리라는 것을 믿습니다.
주여! 오직 제 믿음을 붙잡아 주소서! - 아멘.

1888년 언더우드는 아펜젤러 함께 지방을 순회하면서 전도 활동을 하였다. 복음이 점점 조선의 여러 지방으로 전해지자, 뜻을 품은 나라에서 조선을 선교의 땅으로 삼고 선교사들을 보내기 시작했다. 연이어 들어온 선교사들의 열정과 헌신에 조선은 삼천리 방방곡곡 구원의 소망이 보이기 시작했다.

이 시기에 캐나다 장로회 출신 여선교사 맥컬리가 함흥과 원산에서 성경 공부와 사경회로 복음을 전하고 있었는데, 1899년 중국 민병대 의화단의 난이 일어났다.

 의화단(義和團)은 일찍이 산동 지역에서, 원나라 때부터 맥을 이어온 백련교 계통의 비밀결사 단체로 스스로 하늘에서 내려온 신병이라 칭하며 의화권(義和拳)과 봉술을 익히고 주문을 외우면 총탄도 피할 수 있다고 자부하였고 그들을 믿는 백성들도 꽤 많았다.[20]

---

20) 그들은 처음 단순한 종교나 무술에 그치지 않았다. 구성원 대부분이 가난하고 약한 취약 계층이었지만, 정의롭고 일반 백성들을 괴롭히지 않은 선한 단체로 산동 지역에 빠르게 퍼져나갔고 한창때는 베이징을 넘볼 정도로 그 기세가 대단했다. 이런 상황에서 청나라가 패전을 거듭하고 배상금 지불 문제로 과다한 세금을 걷기 시작하자 불만을 품은 그들은 부청멸양(扶淸滅洋)을 외치기 시작했다. 이 모든 것이 기독교를 앞세운 제국주의 때문이고 교회가 서양문화를 파급시켜 서양문물이 급속도로 들여오는 첨병역할을 하고 있다고 생각하여 기독교에 대한 분노는 점차 쌓여만 갔다.
 삼국간섭 이후 독일이 산둥성 지방에 철도를 깔기 위해 헐값에 토지구입을 하여, 해당 토지에 있는 중국인들의 민가와 묘가 훼손되자 그 불만은 극에 달하였고 또한 당시 극심한 자연재해로 배고픈 중국인들을 더 비참하게 만들었으며 이러한 배경에서 의화단이 난이 일어난 것이다. 이 사태에 서구 열강들은 의화단에 대해 적의를 품고 있던 위안스카이(袁世凱, 원세개)를 산동 지역 담당자로 정해달라고 요구하여, 청은 위안스카이를 산동성 순무를 삼고 의화단을 탄압했는데, 이 일이 오히려 의분을 일으키는 계기가 되었다. 1900년 봄 탄압을 피해 도망친 의화단 지도자들이 직례에 들어가 그 지역의 의화단과 합류하여 무서운 기세로 확장하여, 교회를 불태우고 근대식 철도와 열강들의 대사관을 닥치는 대로 부수었다.
 이 같은 폭동에 위협을 느낀 영국, 프랑스, 미국, 독일, 일본은 의화단이 계속 테러할 경우 군대를 파견해서 진압할 수밖에 없다는 성명을 발표했다. 하지만 당시 청나라를 휘어잡고 있던 서태후와 그 측근들은 의화단을 막기보다는 이들을 이용해 서양 열강을 몰아낼 계획을 세우자 1900년 6월, 의화단은 북경에 무혈입성하였다. 이에 열강에 의존하여 자신들을 탄압한 관료와 군인들의 처벌을 요구하자 청나라 조정에서도 마치 기다렸다는 듯 그들을 조정에서 내쫓기 시작했다. 이에 자신감을 얻은 의화단은 외국인에 대한 무차별적인 테러를 시작했다. 의화단의 테러로 독일공사와 일본공사가 피살되었는데, 단순히 외국 관료들에게만 한 것이 아니라 서양인 전체, 심지어는 양인과 양녀, 어린아이를 죽이는데 현상금까지 거는 잔혹함으로 이성을 잃어갔다.
 이에 자국의 국민을 잃는 영국, 프랑스, 미국, 러시아, 이탈리아, 일본 6개국은 영국의 극동함대 사령관 에드워드를 총지휘관으로 삼아 1900년 6월 10일 북경을 향해 진군했다. 하지만 20만이나 되는 의화단 세력에 곧바로 전투를 하지 못했다.

그리하여 의화권회의 숫자가 날로 늘어나자 다른 민간단체와 흡수 통합하여 스스로 의화단이라 칭하였고 외세에 대한 저항과 중국 문화의 전통성을 지키겠다는 신념으로 부청멸양(扶淸滅洋)을 외치니, 이에 청나라 최고 권력자 서태후가 명하여 베이징으로 상경하였다(1900년 6월). 서태후(西太后)는 청 몰락의 원흉으로 한나라의 여태후(呂太后)와 중국 역사상 유일의 여황제 당나라 측천무후(則天武后)와 함께 3대 악녀로 꼽힌다.

1897년 독일이 산둥성을 점령하자 의화권회의 외세 배척 운동은 격화되어 서양에 대한 반감이 매우 높았는데, 특히 기독교에 대한 거부감이 아주 심했다. 그리하여 1897년 11월에 산동의 교주부 거야현에서 의화권회 비밀결사대 30여 명이 교회를 공격하여 선교사를 살해한 사건이 일어났다(거야교안鉅野敎案). 그리고 이듬해 1898년 10월에 주홍등(朱紅燈)이 인솔하는 결사대 70여 명이 그들이 창과 권술을 가르치던 평원현에 있

긴장이 감도는 가운데 의화단의 무자비한 테러가 계속 되자 연합군은 더 이상 참지 못하고 진격하였는데, 이를 지켜본 서태후는 강화냐 전쟁이냐 고민하다가 의화단의 위세를 믿고 정부군과 합쳐 전쟁을 선포하기에 이르렀다. 이것을 지켜보던 독일과 오스트리아가 연합군에 합류하여 연합군은 모두 8개국이 되었고, 가장 많은 군대를 파견한 일본이 주력을 이룬 연합군이, 6월 21일 선전포고를 하고 전투가 시작되었다. 의화단은 통솔의 부재와 군사훈련을 제대로 받지 못한 오합지졸로 무너지며 지휘관 대부분이 전사하거나 자살하였고, 이들을 쉽게 물리친 연합군이 입성하자 사태의 심각성을 눈치챈 서태후와 광서제(光緖帝)는 자금성을 탈출하여 서안으로 도망쳤다. 지도층의 부재가 된 북경은 그야말로 무법천지가 되어 도시 전체가 아수라장이 되었다.
무너지지 않을 것 같던 의화단이 무너지자 전쟁에 참여한 8개국은 강화를 통해 자신들의 이권을 챙기려고 의견대립이 치열하게 벌어졌는데, 연합국의 대표들은 의견을 조정하고 책임자를 강력하게 처벌할 것을 촉구하였다. 이에 청나라는 책임자들을 강등, 해임, 유배 등에 처하기로 했지만 연합국은 더 강한 처벌을 요구했고, 결국 왕족과 신하들이 줄줄이 유배되거나 처형되어 장친왕(莊親王) 재훈은 자결하였고 단군왕(端郡王) 재의는 유배형에 처해졌다.
이 의화단 사건을 주제로 1963년 북경의 55일(55 Days At Peking) 영화가 제작, 상영되었다.

는 중국인 기독교 신자들의 교회를 습격하였다(평원교안平原教案). 이것이 의화단 난의 도화선이 되었고 그 폭동은 확대일로를 치달아 1900년에 서양인과 선교사들을 무차별 살육하는 잔혹 행위를 서슴지 않았고, 남녀노소를 막론하고 비참하게 살육했다.

아아, 인간이 어떻게 이럴 수 있는가. 어떻게 그토록 잔인할 수 있는가!

이때, 맥컬리와 함께 사역했던 미국 남감리회 여선교사 화이트가 의화단의 난을 피하여 원산으로 와서 함께 기도회를 시작하였다. 기도 중에 성도들은 뜨거운 성령을 체험하였고, 이어서 부흥사경회를 열었는데, 그 때 강사로 초빙된 사람이 하디 선교사였다. 하디는 토론토의과대학을 졸업하고 YMCA 후원으로 1890년 한국에 와서 제중원에서 일하다가, 1892년 원산에서 의료선교로 활동하고 있었다. 하디 선교사는 성령의 뜨거운 감동으로 회개 설교를 하였고 말씀을 듣던 성도들 모두 눈물로 회개하였다. 이것이 원산대각성운동의 도화선이 되었고, 1907년 평양대부흥으로 이어진 것이다.

평양대부흥은 오직 하나님이 대한의 백성들을 긍휼히 여기시서 내리신 크신 은혜였다. 그 옛날 이스라엘에서 일어난 초대교회 성령강림의 역사와 같이 말씀과 이상, 기적과 능력을 물 붓듯이 부으신 주님의 사랑이었다.

동계 사경회에서 큰 은혜를 받은 분대장의 할아버지는 평양 만경대 아래 동네 하리(下里) 칠골교회(칠곡교회)에 시무하는 강돈욱 장로를 만났다. 강동욱 장로에게 두 아들과 두 딸이 있는데, 그의 둘째 딸이 김일성의 어머니 강반석이다. 본명은 강신희이고 반석은 그녀의 세례명이었다.

김일성은 기독교 집안에서 태어났다. 외삼촌 강진석과 외종조부 강량

욱도 장로교 목사였다. 김일성의 외할아버지 강돈욱 장로는 창덕학교를 설립한 교육자이기도 했다. 김일성(본명 김성주)은 소년 시절(1923년) 2년간 외가에 머물며 창덕학교에 다녔다.

어머니 강반석의 이름에서 보듯이 김일성은 모태신앙으로 자랐다. 그의 아버지 김형직도 기독교인이었다. 그는 숭실학교를 졸업한 후 만경대의 순화학교 교사로 근무하였고, 재직 중 1918년 2월 간도에 독립운동 기지를 모의하다가 일경에 체포되어 평양감옥에서 옥고를 치렀다. 출옥 후 연변 지린성을 다니며 독립운동을 하다가 1926년 31세로 공산주의 단체에게 피살당했다. 공산주의자들에게 피살되어 아버지를 잃은 김일성이 공산주의자가 된 것이 아이러니하다.

김일성은 왜 전쟁을 일으켰는가? 그의 잘못된 적화통일 야욕으로 많은 사람을 죽음으로 몰아넣는 큰 죄를 범하고 말았다. 욕심은 죄를 낳고 죄는 사망을 낳을 뿐이다(약 1:15).

분대장의 할아버지 강돈욱 장로를 따라 칠곡 예배당에 나갔다. 그의 아내와 아들과 며느리도 교회를 나가 믿음의 가정이 되었다. 그래서 분대장도 어릴 때부터 자연스럽게 주일 학교에 다녔다. 일제 강점기 모두가 힘들고 어려웠지만 나름대로 행복한 소년 시절을 보냈다. 찬송하고 기도하고 웃으며 즐거워하던 그때, 해방이 되었지만 그 행복한 시절도 얼마 가지 못했다. 소련이 38선 이북을 점령하고, 공산당 김일성이 정권을 잡자 기독교 탄압이 시작되었다. 누구나 그렇듯이 고난과 고통은 참기 어려운 것이다. 이 피 흘리는 환란과 핍박을 견디는 자 누구인가! 많은 사람이 순교하였고 교회는 흩어지고 신자들은 지하로 숨어들었다.

소년은 어느덧 청년이 되었다. 인민군에 입대한 그는 하급 병사에서 진급하여 사관 계급의 중사로 분대장이 되어 전쟁에 참여한 것이다. 많은 사람들이 피를 흘리며 무참히 죽어가는 모습을 본 그는 탄식하였다.
"아, 상대를 죽이지 않으면 내가 죽고, 적을 죽이지 않으면 우리가 죽는다. 전쟁은 정말 비참하기 그지없구나!"

한낮이 지나고 해가 기울었다. 그 뜨거운 열기도 조금씩 수그러지고 서늘한 바람이 불어왔다. 저녁 식사 시간이 되었다. 모인 사람들이 함께 저녁을 준비하였다. 마을의 한 청년이 김 조사에게 물었다.
"이 북한군들 어떡할까요?"
"글쎄요. 모두 모여 의논해 봅시다."
의견은 분분하였다. 그들을 곳간에 처넣고 먹을 것도 주지 말아야 한다는 사람과 먹을 것은 주어야 한다는 사람도 있었다. 김 조사가 말했다.
"어떻게 사람을 굶길 수 있습니까. 먹을 것은 줘야지요."
"우리 먹을 것도 모자라는데…."
"적은 양이라도 나눠 먹어야지요."
모두 예배당 안으로 들어가 북한군을 한 줄로 묶어 벽에 붙여놓고 손만 움직일 수 있도록 풀어 음식을 먹게 했다. 그렇게 짧은 여름밤이 지났다. 이튿날 아침, 국군의 한 분대가 마을로 들어왔다. 김 조사는 그동안의 경위를 설명하고 북한군을 그들에게 인계했다.
"이 사람들은 아무도 해치지 않았습니다. 다친 사람도 없습니다. 이들도 가족이 기다리고 있습니다. 제발 죽이지 말고 포로수용소로 보내어 집으로 돌아갈 수 있도록 배려해 주세요."

전쟁은 적을 죽이지 않으면 내가 죽는다. 살기 위해서 죽일 수밖에 없는 현실이 비참하기만 하다. 국군은 그들을 데리고 마을을 떠났고 그 후로 북한군은 어떻게 되었는지 더 이상은 알 수 없었다.
"포로수용소로 가겠지. 전쟁이 끝나면 석방되어 집으로 돌아가겠지."
김 조사는 먼 산을 바라보며 중얼거렸다. 고향이 그리웠다. 하지만 갈 수 없는 고향을 언제 가려나, 전쟁이 끝나고 길이 트일 때까지 마냥 기다릴 수밖에 다른 방도가 없었다. 낙동강 전선은 더욱 치열해지고 있었다.

현규는 이제 집으로 가고 싶었다. 아니, 가야만 한다고 생각했다. 이 참혹한 전투 속에 가족은 어떻게 되었는지, 피난은 했는지 눈으로 직접 확인하지 않고는 더 이상 견딜 수 없었다. 이제 는 순경도 없을 것이다. 이 전쟁에 누굴 찾겠다고 다니겠는가. 죽었는지 살았는지도 모르는데 찾기는커녕, 누가 누군지 알지도 못할 것이다.
'보도연맹도 이제 끝난 거여.'
이렇게 생각한 현규는 성경을 읽고 있는 김 조사에게 조용히 말했다.
"조사님, 저어 이제 집으로 가 봐야겠어요."
김 조사는 서운한 표정을 지으며 말했다.
"네, 그래야겠지요. 그런데 아직 위험하지 않을까요?"
"이 난리에 쫓는 경찰도 없을 겁니다. 가족들은 내가 죽은 줄 알고 있을 거예요. 하루속히 만나고 싶어요."
"네, 그렇지요. 죽은 줄만 알았는데 살았으니 얼마나 놀라고 반갑겠습니까."
짧은 기간이었지만 그동안 정이 들었다. 김 조사는 물론이거니와 마을 사람들도 현규도 마찬가지였다. 이 난리 통에, 오동산골 예배당은 어머니 품속 같은 안식처였고 신앙을 되찾은 은혜의 장소요 새로운 꿈과 용기를 갖게 된 소망의 장소였다. 마치 그 옛날 야곱이 형의 노여움을 피해 밧단아람으로 가던 길에 루스에서 날이 저물어 돌베개를 베고 자다가 꿈속에서 하나님을 만난 것처럼, 이곳은 바로 영혼의 안식처인 하나님의 집 벧엘이었다.

'그러나 이제 세상을 향해 떠나야 한다. 집으로 돌아가야 한다. 야곱이 그랬던 것처럼 밧단아람의 세상, 인간이 살아야 하는 그곳으로 가야 한다.'

다음 날 새벽 일찍이 현규는 오동산 골짜기를 떠났다. 거기서 까치골은 대략 40리 남짓한 거리로 부지런히 걸으면 한나절이면 도착하겠으나 잘못 가다가 인민군을 만날까 두렵고, 산 넘고 물 건너는 험한 산길인지라 시간이 많이 소요되었다.

산골짜기 곳곳에는 피난민들이 각자 나름대로 안전하다고 여겨지는 장소를 찾아 초막을 지어 머물며 하루속히 집으로 돌아갈 날만을, 전쟁이 끝나기를 고대하고 있었다. 해가 정오를 지나 중천에서 서쪽으로 기울어지는 때에 드디어 그는 까치골에 도착했다. 마을 이곳저곳에 피란의 흔적은 있었으나, 그가 집을 떠날 때와 다름이 없었고, 인적이 전혀 없는 마을은 고요하기만 했다.

'모두 떠난 모양이다. 이제 어디로 가서 찾아야 하나?'

그는 그렇게 고민하고, 생각만 하고 있을 수 없었다. 빨리 가족을 찾아 나서야 했다. 사람들이 피난을 갈만한 곳, 까치골보다 더 남쪽에 있는 깊은 산을 향해 걸음을 옮겼다. 그 주변의 동네는 그가 어릴 때부터 다니던 곳이라 낯설지 않았다. 까치골에서 한참을 더 가면 두 갈래의 길이 나온다. 오른쪽은 화산(花山)이요 왼쪽은 사라(舍羅)와 운곡(雲谷)으로 가는 길이다.

'어디로 가야 하나?'

망설일 수밖에 없었다. 잠시 생각에 잠기던 그는 화산을 향해 발길을 옮겼다. 운곡과 사라보다는 화산이 더 남쪽이었기 때문이다. 산길을 한참 가니 언덕 아래에 여기저기 피난민들의 거주지가 보였다.

"어이, 이게 누군가! 현규 아닌가!"

조금 먼 거리 언덕 아래 피란민들 사이에서 환하게 웃으며 걸어오는 사람이 있었다. 삼술이었다. 그가 먼저 현규를 알아본 것이다.

"아니, 삼술이 아닌가. 반갑네. 정말 반가워. 여기서 만날 줄이야."

"살았구먼. 살아왔어. 내가 그동안 얼마나 빌었다고. 부디 살아 돌아오기를."

"그래, 너 때문에 내가 살았어. 그 줄을 느슨하게 풀어 준 덕분이야. 고마워, 정말 고마워."

감격에 서린 현규의 두 눈에 눈물이 빙그르르 돌고 있었다. 하지만 그는 마냥 감동에 젖어 있을 수가 없었다. 멀리서 비행기 폭격 소리가 들려왔다.

"우리 애들과 집사람을 아직 못 찾았어. 어디로 가야 할지?"

"글쎄, 워낙 사람들이 여기저기 많이 흩어져 있으니…."

"그래, 찾아봐야지. 전쟁이 끝나면 내가 한 번 찾아갈게. 목숨을 구해준 사례를 해야 하잖아."

"사례는 무슨, 어서 가 보게. 가족을 빨리 찾아야지. 얼마나 반갑고 놀라

겠나. 죽은 줄 알았던 사람이 살아왔으니."

현규는 빠른 걸음으로 사람들이 많이 모여 있는 골짜기로 올라갔다. 까치마을 사람들이 그 골짜기에 있다는 소리를 들었기 때문이다. 그때였다. 요란한 비행기 소리가 들리더니 하늘에서 불덩이가 쏟아졌다.

"우르르 쾅! 쾅!"

삽시간에 그 골짜기는 불바다가 되고 말았다.

"아아, 이를 어째. 어쩌나 이를 어쩌나."

미친 듯이 비명을 지르며 달려가는 현규의 얼굴은 뜨거운 불길에 휩싸인 가마솥같이 되어 흐르는 두 눈의 눈물을 삼키고 있었다. 그야말로 정신없이 뛰어서 도착한 현장은 참혹하기가 그지없었다. 팔다리가 잘린 사람, 온몸에 화상을 입고 뒹구는 사람, 머리에 피를 흘리는 사람, 살아남은 사람은 죽은 가족을 부여안고 통곡하고 있었다.

어떻게 이렇게 비참할 수 있는가. 이곳이 사람 사는 세상이란 말인가. 바로 생지옥이지. 도대체 누가 이런 짓을 저질렀는가. 전쟁 범죄, 그 원흉은 인류의 씻을 수 없는 크나큰 죄악이다.

현규는 아비규환이 된 골짜기에서 통곡하며 가족을 찾아 울부짖었다. 한참을 그렇게 헤매다가 마침내 아내와 아이들을 찾았으나 이미 이 세상 사람이 아니었다. 그 곱던 모습은 간데없고 얼굴은 알아볼 수 없을 정도로 일그러져 비참하기 그지없었다. 하지만 입은 옷이나 그 모양새가 분명히 집안 식구들이었다. 아내는 두 아들을 꼭 껴안은 채 평안히 잠을 자듯 누워 있었다.

"여보, 일어나. 이렇게 죽으면 안 돼! 어서 일어나. 어서, 내가 살아 돌아왔잖아."

그러나 아무리 외치고 통곡한들 소용이 없었다.

울부짖음은 허공을 맴돌았고 흐르는 눈물은 옷깃을 적셨다. 죽음은 이렇게 정든 사람을 갈라놓고, 이 세상과 저 세상을 갈라놓고, 산 자와 죽은 자의 운명을 갈라놓는 것이다.

양지바른 곳에 아내와 두 아들을 묻었다. 땅에 묻은 것이 아니라 평생을 애통하며 안타까워하는 가슴에 묻은 것이다. 날은 어두워지고 어스름한 조각달만이 처량하게 죽음의 골짜기를 비추고 있었다.

현규는 무덤가에 누웠다. 가족과 함께 누웠다. 숨을 쉬는 자체가 괴로웠다. 이대로 영원히 잠들어버렸으면 좋겠다고 생각했다. 가족은 그에게 전부였다. 그는 세상을 잃어버린 것이다. 국민보도연맹 죽음의 골짜기를 간신히 빠져나왔는데 이 무슨 얄궂은 운명이란 말인가!

삶은 죽음을 기다리는 과정일 뿐이니 인생이 허무하기 그지없다. "헛되고 헛되니 모든 것이 헛되도다(전 1:1-11)."

'이제 어떻게 살아야 하나.'

막막하기만 했다. 그러나 죽은 사람은 죽은 것이고 산 사람은 살아야 한다. 그것이 하늘이 주시는 운명이다. 살아있는 사람은 아직도 사명이 있는 것이다. 하지만 슬픔은 온몸을 감싼 채 떠나지 않았다. 그렇게 밤이 지나고 날이 밝았다. 태양은 한 치의 어김이 없이 동녘 하늘에 또다시 불타오르고 있었다.

이제 아골 골짜기 같은 죽음의 골짝을 떠나 삶의 터전으로 가야 한다. 생기를 잃은 얼굴에 어깨가 축 처져서 오는 현규를 보고 삼술이가 말했다.

"자네 가족들은 어떻게 되었나?"

"모두 하늘나라로 가버렸어."

"아니, 이를 어쩌나."

"어쩔 수 있나. 전쟁이 원수로다."

현규는 이제 모든 것을 체념할 수밖에 없었다. 두 사람은 아무 말도 하지 못하고 언덕의 둔덕에 앉아 먼 하늘만 바라보았다. 세상이 야속하고 세월이 한스러웠다. 이 몹쓸 전쟁을 어이 할거나.

삼술에게 두 아들이 있는데, 이제 겨우 한 살이 갓 넘은 둘째가 무슨 일인지 설사를 심하게 하고 있었다. 모유만 먹이고 있는데 왜 배탈이 났는지 도무지 알 수가 없었다. 벌써 이틀이나 설사가 멈추지 않았다. 삼술은 아무런 손을 쓰지 못하고 요행만을 바라고 있었다. 그대로 두었다가는 죽을 수도 있겠다고 생각한 현규는 아기의 여윈 손을 잡고 간절히 기도했다. 그때 어디서인지 온유하고 부드러운 음성이 들려왔다.

"건강한 자에게는 의원이 쓸데없고 병든 자에게 쓸 데 있느니라. 너희는 가서 내가 긍휼을 원하고 제사를 원치 아니하노라 하신 뜻이 무엇인지 배우라. 내가 의인을 부르러 온 것이 아니요 죄인을 부르러 왔노라(마 9:12-3)."

이 세상에 죄인 아닌 사람이 어디 있는가. 적든 크든지, 인생 모두가 그럴 수밖에 없지 않은가! "내가 죄악 중에 출생하였음이여 어머니가 죄 중에 나를 잉태하였나이다(시 51:5)"

문제가 있으면 답 또한 있는 법, 죄가 있으니 구원을 얻을 방도가 있고 병이 있으니 의원이 있고 처방받을 수 있는 약 또한 있는 것이다. 기도를 마친 현규는 삼술에게 말했다.

"약을 구하든지 해야겠어."

"이 난리에 어디서 약을 구한담."

"나가서 찾아봐야지. 어디 의원이 있을 거야."

친구가 의원을 찾아보겠다니 고마웠다. 아기도 아프고 또 네 살 되는 아들도 있어 삼술은 그럴 형편이 못 되었다.

현규는 삼술에게 목숨을 구해준 은혜를 조금이나마 갚을 기회가 되어 좋았다. 수소문을 한 끝에 천북의 손곡에 유명한 한의사가 약을 지어 주고 있다는 소식이 들렸다. 그곳은 반나절도 채 안 되는 곳이었다. 밖에는 기다리는 사람들이 많았다. 다친 사람도 있었고 체하여 온 사람, 고뿔에 걸린 사람 등등. 오래 기다려야 했다. 한참을 지나 드디어 의원을 만날 수 있었다. 아기의 아픈 증상을 가만히 듣던 의원이 말했다.

"많이 놀라고 또 환경이 바뀌 그렇습니다. 물은 끓여 먹어야 하고 약을 모유에 타서 먹이고 안정시키면 좋아질 겁니다."

약은 많지 않았다. 가루약 세 첩이었다. 현규는 김 조사에게 받은 여비가 조금 남아 있어 약값을 치르고 화산을 향해 급히 발걸음을 옮겼다. 그렇게 걱정을 하며 어쩔 줄 몰라 했는데, 삼술의 얼굴에 화색이 돌았다.

"고맙네, 고마워."

"뭘, 아기부터 나아야지."

약을 먹은 그날 밤부터 아기는 건강을 되찾았다. 정말 다행이었다.

처서가 지나고 가을의 문턱에 들어섰다. 아침저녁으로 시원한 바람이 불어오는 9월 중순 전쟁의 소식도 들려왔다. 9. 15. 인천상륙작전의 승전보였다.

전우의 시체를 넘고 넘어 앞으로 앞으로
낙동강아 잘 있거라. 우리는 전진한다.
원한이야 피에 맺힌 적군을 무찌르고서
꽃잎처럼 떨어져 간 전우여 잘 자거라.

승승장구의 기세로 몰아치던 적은 허리가 꺾여 퇴각하기 시작하였고 드디어 유엔군과 국군은 9. 28. 서울을 수복하고 10월 1일 38선 이북으로 적을 물리쳤다. 전쟁은 정말 비참하다. 얼마나 많은 사람이 죽고 있는가. 이제 38선을 돌파하여 북진통일로 이 땅에서 전쟁이 다시는 일어나지 않도록 해야 한다. 전쟁에 참여하여 죽어서도 적을 물리쳐야 한다는 애국의 노래도 들려왔다.

남아 20 꽃이라 이생을 살았으니
내 이름은 싸움터로 나아갈 거야
38선을 돌파하고 태극기를 날리며
죽어서 백골이나 돌아오리다.

아버지 어머니 안녕히 계세요
까마귀 우는 골에 저는 갑니다.
38선을 돌파하고 태극기를 날리며
죽어서 백골이나 돌아오리다.

태극기 흔들며 님을 보낸 새벽 정거장 기적도 울었소. 만세 소리 하

늘 높이 들려오던 날. 지금은 어느 전선 어느 곳에서 용감하게 싸우
시나. 임이여, 건강하소서.
　두 손을 붙잡고 님의 축복 빌던 정거장 햇빛도 밝았소. 독립하라 인
사마다 즐거웠던 날. 지금은 어느 전선 어느 곳에서 용감하게 싸우
시나. 임이여, 건강하소서.
　사랑에 모실 이 님이 떠날 새벽 정거장 깃발이 날렸소. 파도치는 깃
발 아래 헤어지던 날. 지금은 어느 전선 어느 곳에서 용감하게 싸우
시나. 임이여, 건강하소서.

　승전의 소식을 들은 현규와 삼술은 피난지를 떠나 집으로 돌아가려고 짐을 꾸렸다. 짐이라야 얼마 되지도 않았고 몸도 가벼웠다.
　"잘 가게. 다음에 또 봄세."
　"그래, 내가 범울리에 한 번 찾아갈게."
　"그러렴. 그런데 혼자 어떻게 지내나."
　"어쩔 수 없지 뭐. 사는 데까지 살 수밖에."
　하루아침에 가족을 모두 잃은 현규는 외로움을 삼키며, 어깨를 축 늘어뜨리고 까치골로 쓸쓸히 발길을 돌렸다.
　피난에서 돌아온 마을은 생기가 넘쳤다. 하지만 현규는 그렇지 못했다.
　'나 혼자 이제 어떻게 살아야 하나.'
　생각하면 걱정과 염려뿐이었다. 성경에 염려하지 말라고 했지만 사실은 그렇게 하지 못했다. 집은 텅 비었고 스산한 가을바람이 뼛속까지 스며들어 허전하기 그지없었다. 집집마다 저녁연기가 피어오르고 불 켜진 방안에 웃음소리가 들렸지만 현규의 집은 쥐 죽은 듯 고요하기만 했다.

밥 생각도 없었다. 그냥 쉬고만 싶었다. 이불을 펴고 누웠다. 아이들과 아내의 체취가 풍겼다. 두 눈에 서글픈 눈물이 주르륵 흘렀다.

아내와 아이들이 꽃동산에 놀고 있었다. 현규는 무척 행복했다. 아이들이 즐거워하며 까르르 웃는 소리에 잠이 깨었다. 너무나 생생한 꿈이었다.
'이 꿈이 현실이라면 얼마나 좋겠는가.'
날은 이미 밝아 해가 중천을 향해 솟아오르고 미루나무에 까치 한 쌍이 까 까악 까 까악 정답게 대화를 나누고 있었다. 배가 고팠다. 그럴 수밖에 없었다. 어제 오후부터 아무것도 먹지 않았으니.
'육신은 어쩔 수 없구나.'
아침밥을 지으러 부엌에 들어갔다.
"덜그럭 덜그럭."
가마솥에 밥을 안쳐 놓고 반찬 준비를 했다. 먹을 것이 별로 없었다. 그렇게 준비하고 있는 그때, 바깥에 인기척이 들렸다. 이 아침에 누가 왔나 보다.
"누구세요? 거기 누구 왔어요?"
"여보, 여보!"
아니, 이 무슨 소리인가! 분명히 아내의 목소리였다.
덜커덕 부엌문이 열리고 거기에 너무나 놀라운 광경이 펼쳐졌다. 아내가 우뚝 서 있고 뒤에는 아이들이 환하게 웃고 있지 않은가.
"여보, 당신 살았군요."
아내가 웃으며 부엌으로 들어왔다. 너무나 놀란 현규는 한 발짝 뒤로 물러섰다. 아니, 이게 꿈인가 생시인가. 죽은 사람이 이렇게 생생히 보이다니!

"아빠!"

아이들이 뛰어와 품에 안겼다. 꿈이 아니었다. 생시였고 현실이었다.

"아니, 나는 당신이 죽은 줄 알고…."

현규의 두 눈에 환희와 기쁨의 눈물이 주르륵 흘렀다. 그동안의 이야기를 들으니, 전쟁이 일어나고 아내는 혹시 올지 모르는 남편을 기다리다가 늦게 피난을 나섰는데, 처음에 운곡(雲谷)에 갔다가 형편이 여의치 않아 사라(숨羅) 골짜기로 옮겨 거기서 여태껏 지냈다고 했다. 포탄이 떨어진 화산(花山) 골짜기에 있었던 것이 아니었다. 천만다행이었다.

그렇다면 현규가 묻은 시신은? 다른 사람이었다. 폭격에 얼굴이 상하였고, 당황한 나머지 제대로 분별하지 못하고 가족인 줄 알았던 것이다.

"주께서 나의 슬픔이 변하여 내게 춤이 되게 하시며 나의 베옷을 벗기고 기쁨으로 띠 띠우셨나이다(시 30:11)."

현규의 가정에 다시 웃음꽃이 피었다.

산등성이에 솜털 구름 뭉게뭉게 피어나고 가을 하늘 드높아 맑고 푸르다. 녹색 빛 옅어지며 익어가는 감나무에 까치는 즐거이 노래하고 산골짜기 푸른 잎들은 울긋불긋 곱게 물들어 간다. 기러기 줄지어 날아가니 구만리 아득히 먼 저 하늘가에 희망의 빛이 찬란하다.

믿음과 기도에 대한 이야기

옛날 경상도 포항 고을에 이름난 원님이 있었다. 그는 재판을 잘하기로 소문이 났다. 그래서 억울한 사람들의 원한을 풀어주고 백성들에게 선정을 베풀었다.

하루는 가난한 옹기장수가 고갯마루에 지게를 세워놓고 잠시 쉬고 있는데 갑자기 회오리바람이 불어 지게가 쓰러져 옹기가 모두 박살이 났다. 장사 밑천을 다 날려 버린 가난한 옹기장수는 하소연이라도 하려고 재판을 잘한다는 원님을 찾아갔다.

"회오리바람에 옹기가 모두 박살 났으니 이제 저는 어떻게 해야 할까요?"

그런데 옹기장수의 이야기를 들은 원님은 그를 위로하거나 해결해 주기는커녕 크게 꾸짖는 것이 아닌가!

"이놈, 싸워서 시비가 벌어졌다면 내가 판단해 줄 것이지만 바람에 지게가 넘어져 옹기가 깨진 것을 나에게 가져오면 내가 어쩌란 말이냐?"

호통을 치고 나서 옹기장수를 하옥시켰다. 졸지에 옥에 갇힌 옹기장수는 동헌에 온 것을 후회하며 자신의 처지를 한탄하고 있는데, 옥졸이 따뜻한 국밥 한 그릇 들고 와서 말했다.

"이것 드시고 기다려 보슈."

그의 말에 옹기장수는 "무슨 대책이 있나 보다." 생각하며 조금은 안심이 되었다.

가난한 옹기장수를 옥에 가둔 원님은 어떻게 그를 도와줄까 생각하다가 좋은 생각이 떠올라 이방을 불러 명령했다.

"저자로 나가서 배를 타고 부산으로 가는 대상과 함흥으로 가는 대상 우두머리를 잡아 오너라."

얼마 지나지 않아 두 상인이 동헌으로 잡혀 왔다. 그들은 "일군들이 또 무슨 큰 잘못을 저질렀구나." 생각하고 무릎 꿇고 머리를 조아리고 있는데, 원님은 옥에 있는 옹기장수를 불러 그들 앞에 세워 놓고 먼저 부산으로 가는 상인에게 물었다.

"네가 북쪽에서 남쪽으로 가는 바람이 불게 해 달라고 기도하였느냐?"

"예, 그러하옵니다."

그들의 바람은 순풍에 돛을 달아 한시라도 빨리 목적지에 도착하여 물건을 파는 것이었다. 이어서 원님은 함흥으로 향하는 상인을 바라보고 물었다.

"네가 남쪽에서 북쪽으로 가는 바람이 불게 해 달라고 기도하였느냐?"

"예, 그러하옵니다."

"이런 괘씸한 놈들 같으니라고 너희 두 놈이 동시에 각기 다른 방향의 바람이 불기를 원하여, 하나님이 너희의 소원을 다 들어주시는 바람에 북풍과 남풍이 부딪혀 회오리바람이 일어나서 저 가난한 옹기장수의 지게가 넘어졌으니, 네 놈들이 값을 절반씩 부담하는 것이 마땅하니라. 알겠느냐?"

원님의 호통에 무슨 큰 잘못으로 혼이 날 줄 알았던 부자 상인들은 "까짓것 그 옹기 값쯤이야." 하며 얼른 옹기 값을 치르고 옹기장수에게 사과까지 했다는 이야기다.

한 교회에서 두 패로 갈라져 각각 싸우고 정반대의 기도를 하면 어떻게 될까? 교회에는 회오리바람이 불 수밖에 없다. 또 같은 지역에 출마한 두 교인이 각각 자기가 국회의원에 당선되게 해 달라고 기도하면 하나님은 어느 편을 들어주실까?

19세기 중엽 미국에서 노예해방에 대한 견해 차이로 남북전쟁(1861~1865)이 일어났다. 남북의 교회는 각기 자기들의 승리를 위해서 기도했다. 하나님은 어느 편의 기도를 들어주셨는가.

당시 대통령이었던 아브라함 링컨(Abraham Lincoln, 1809~1865)은 남군을 쉽게 물리치지 못하고 오히려 북군이 치명타를 입고 있었다. 죽어가는 병사들을 보며 가슴 아파하던 그는 전쟁이 사람의 힘으로 끝낼 수 없음을 절실히 느끼고 하루에 몇 시간을 정해놓고 기도했다. 그 모습을 본 측근들이 링컨에게 말했다.

"우리도 마음을 모아 하나님께 우리 편이 되어달라고 기도하겠습니다."

그러자 링컨은 정색하면서 대답했다.

"그런 기도는 하지 마시오."

각료들은 어리둥절하여 링컨에게 물었다.

"그러면 어떻게 기도해야 합니까?"

"하나님이 우리 편이 되어 달라고 기도하지 말고, 우리가 하나님 편에 서게 해 달라고 기도하시오."

우리는 흔히 하나님을 자기편에 세워 놓고 자신의 뜻을 이루기 위해 기도한다. 그리고 뜻이 이루어지지 않으면 하나님을 원망하거나 불신한다. 구해도 얻지 못하는 것은 자신의 정욕에 쓰려고 잘못 구하기 때문이요

(약 4:3), 사람이 계획하고 경영할지라도 그 뜻은 하나님이 이루신다(잠 16:1,33, 19:21).

하나님은 사랑 안에서 모든 것을 이루시는 정의의 하나님이시요 은혜의 하나님이시다. 참으로 우리가 기도할 바를 알지 못하면 성령님이 말할 수 없는 탄식으로 우리를 위해 기도하신다(롬 8:26).

미국의 유명한 교회 담임목사님 한 분이 교회 앞에 생긴 나이트클럽 유흥업소 때문에 교회가 잘 안되어 하나님께 기도하였다. 그 정성이 갸륵하여 하나님은 응답하셨고 그 술집은 장사가 잘 안되어 문을 닫을 지경이 되었다.

이 사실을 알게 된 술집 주인이 목사님의 기도 때문에 손해가 났으니 배상해 달라고 법원에 소송을 했다. 그래서 목사님과 술집 사장이 법정에 서게 되었고, 목사님이 먼저 판사에게 말했다.

"아니, 내가 기도했다고 장사가 잘 안된 것이 아니라 나이트클럽 사장님의 경영 부족이겠지요."

술집 사장이 정색을 하며 말했다.

"아닙니다. 그전에는 장사가 잘 되었는데 분명히 목사님의 기도 때문입니다."

두 사람의 이야기를 다 들은 판사는 정의롭고 명쾌한 판결을 내렸다.

"목사님은 믿음이 없고 유흥업소 사장님은 믿음이 있으니, 그래서 목사님의 말은 믿을 수 없는 증거가 됩니다. 그러므로 사장님이 이겼습니다."

믿음은 바라는 것들의 실상이요 보이지 않는 것들의 증거가 되고(히

11:1), 기도는 무엇이든지 기도하고 구한 것을 받은 줄로 믿으면 그대로 이루어지는데(막 11:24), 말씀을 믿고 말씀에 따라 말씀으로 사는 것은 쉽지 않다. 인생이 그렇다.

> "의인은 없나니 하나도 없으며, 깨닫는 자도 없고 하나님을 찾는 자도 없고 다 치우쳐 함께 무익하게 되고 선을 행하는 자는 없나니 하나도 없도다(롬 3:10-12, 시 14편)."

이것은 모든 사람은 죄 아래 있고, 스스로 의로워질 수 없음을 만고의 진리로 선포한 말씀이다. 그래서 사람은 오직 믿음으로 의롭다 칭함(以信稱義 이신칭의)을 받을 수밖에 없다.

서울 사당동에서 과천으로 가는 길에 남태령 언덕이 있다. 남태령 주변은 시골 오솔길을 연상케 하는 옛길이라 사람들이 많이 걷는 길이다. 여기에 조선 시대에 세워진 송덕비가 있었다. 지금은 사라지고 송덕비가 서 있던 것으로 추정되는 자리만 남아 있는데, 이 송덕비에 얽힌 재미있는 이야기가 전해져 온다.

조선조 지방 수령의 과천 현감은 서울이 가까워 오가는 고관들을 만나기 쉬웠고 또 세금 징수가 많아 뇌물을 상납하여 조정의 좋은 자리로 옮기기 좋은 자리였다고 한다. 그래서 "현감은 과천이요 감사는 평양이라" 했다.

어느 해 과천 현감이 도성의 좋은 자리로 가게 되어 수하의 아전들이 송덕비를 세우겠다며 비문을 어떻게 쓸까 현감에게 물었다. 그러자 현감이 그들에게 말했다.

"너희들이 알아서 해라."

그리하여 아전들이 남태령에 송덕비를 세웠다. 현감이 한양으로 떠나는 길에 행렬을 멈추고 송덕비를 보니 이렇게 쓰여 있었다.

"오늘 이 도둑놈을 보내노라(今日送此盜 금일송차도)."

이를 보고 현감이 화를 내기는커녕 껄껄 웃고 나서 그 옆에 한 줄 더 썼다.

"내일 다른 도둑놈이 올 터인데(明日來他賊 명일래타적)."

아전이 기가 막혀 현감이 떠난 후에 한 줄을 더 보태 썼다.

"도둑놈들만 끝없이 오는구나(此盜來不盡 차도래부진)."

얼마가 지나 행인이 송덕비를 보고 또 한 줄을 보태어 썼다.

"세상에는 모두 도둑놈뿐이구나(擧世皆爲盜 거세개위도)."

세상에 믿을 사람 없고 의로운 자도 없으니, 인생에 누구를 믿고 누구를 바라며 살 것인가 그것이 문제일 뿐이로다.

하늘의 황금마차[21]

사람들은 그 동네를 '범울리'라 했다. 범이 큰 소리로 울었다는 마을이다. 전설에 의하면 고려 현종 때 강감찬 장군이 경주 부윤으로 있을 때, 승삼(지금의 용강동)에 승려로 변한 세 마리의 범이, 사람이 되었다가 짐승도 되어 마을 사람들을 해친다는 소문을 듣고 달려가 호랑이를 잡으려 하자, 호랑이가 도망가다가 그 마을 앞산에 이르러 산이 끊어져 갈 곳이 없어 슬피 울었다고 한다.

서라벌 천년 고도 경주 북쪽에 있는 범울리는 동남에 우뚝 솟은 삼발봉과 삿갓봉, 남쪽에 웅크린 사자 모양의 사자봉, 북쪽은 엎드린 범 모양의 복호산, 서쪽으로 형산강이 흐르고 넓은 들이 펼쳐져 있고 이백여 호에 천여 명이 살았었다.

지금도 마을 큰 골짜기에는 호랑이 굴이 있다. 옛날 동네 아이들이 호기심에 굴 입구에 불을 질렀는데, 그날 밤 호랑이가 큰 소리로 울며 마을로 내려와 가축들을 마구 해쳤다고 한다. 그 후 사람들은 범굴에 함부로 장난치면 안 된다고 말했다. 옛날 우리나라에 호랑이가 많았다. 그래서 호랑이에 대한 이야기가 많다.

어떤 젊은 부부가 산비탈 밭에서 일을 하는데 범이 나타나 소쿠리 요람에 누워있는 아기를 물고 가는 것이 아닌가! 아기의 울음소리를 듣고 놀란 부부는 쏜살같이 달려가 범의 꼬리를 잡고 낫으로 후려치니 범이 아기

---

21) "하늘의 황금마차"는 1956년에 발표한 김문응 작사, 나화랑 작곡, 송민도의 노래와 2014년 국가인권위원회에서 제작, 개봉한 한국 영화가 있다.

를 놓고 달아났다는 것이다. 또 매와 솔개, 독수리 이야기도 있다. 어떤 부부가 들에 나가 버드나무 그늘에 아기를 뉘어 놓고 일을 하는데, 커다란 독수리가 날아와 큰 발톱으로 아기를 낚아챘는데 아기가 무거워 제대로 날지 못하고 버둥대는 것을 작대기로 후려쳐 아기를 구했다고 한다. 경남 거창에 독수리가 아기를 채갔는데 아이가 장성한 뒤 다시 찾았다는 전설도 있다.

이렇게 방방곡곡에 수많은 일들이 이야기가 되고 시가 되고 노래가 되어 들려오니, 바로 에덴의 동쪽에서 부르는 노래이다.

> "우리가 바벨론의 여러 강변 거기에 앉아서 시온을 기억하며 울었도다. 그 중의 버드나무에 우리가 우리의 수금을 걸었나니,… 우리가 이방 땅에서 어찌 여호와의 노래를 부를까(시 137:1-4)."

"에덴의 동쪽"은 죄를 지은 인류의 시조 아담과 그의 아내가 낙원에서 추방되어 살게 된 곳으로(창 3:23-24), 인간이 살면서 피할 수 없는 희비애환, 기쁨과 슬픔과 애처로움과 즐거움, 그리고 죄악과 죽음이 있는 모든 장소를 의미한다.

> 황량한 벌판을 헤매는 인생이여,
> 온갖 시름이 쉼 없이 몰려오네.
> 평안의 안식처 낙원은 어디에,
> 인간사 거리에 열풍이 불어온다.

범울리에 교회가 세워진 것은 1929년 봄이었다.

3·1운동이 일어나고 10년의 세월이 지났건만 해방의 빛은 보이지 않고, 일제의 잔혹성은 노역과 공출로 더욱 심해져 갔다. 억압과 굶주림에 백성들의 생활이 피폐해져 가고 있는 그때 선교사들이 전하는 말씀은 암울하고 절망적인 삶 가운데 있는 사람들의 희망이 되었다.

1885년 미국 선교사 언더우드와 아펜젤러가 전한 복음이 인천과 서울에서 시작되었고, 그 후 미국 북 장로회 선교사들이 부산에 들어와 대구, 영천, 안강, 경주로 전해지고 특히 사람들이 많이 모이는 장터에서 입으로 귀로, 귀에서 가슴으로 전달되어 이 마을 저 마을로 전해지고 있었다.

무지개 타고 가는 눈부신 황금마차 …
천사가 타고 가는 꿈길의 황금마차 …
날아서 가자, 에덴의 꿈나라로
천국에 가자, 가자. 에덴의 꿈나라로 하늘의 황금마차.[22]

이 구원의 빛이 전국 방방곡곡으로 전파될 때에, 범울리 서씨 집안의 두 어른이 예수를 믿게 되었다. 어느 날, 그들이 장터에 갔다가 선교사가 전하는 "천지만물의 창조주 하나님이 세상을 이처럼 사랑하셔서 독생자 예수님을 이 땅에 보내셨다"는 말씀을 기이히 여겼다.

"천지의 주재자, 조물주가 있다는 말은 들었으나, 그분이 기록되어 있는 책이 있다니 신기하다." 하면서, 선교사가 나누어 주는 쪽 복음서를 가지고 와서 읽고 전하기 시작했다.

---

22) "하늘의 황금마차" 노래 가사.

"하나님의 아들 예수 도를 믿고 죽으면 천당으로 간다 카더라. 우리도 믿고 천당 가자."

"천당이 뭐꼬? 그게 어디 있는데?"

"서양 사람들이 전하는 성경에 쓰여 있는데 하늘에 있다 카던데."

"참말이가? 사람이 죽으면 귀신이 되는 거 아이가? 그래서 조상에게 제사 지내는 거고."

"아이다 카더라. 예수전에 사람의 영혼은 천당 못 가면 지옥 간다 카더라."

"그게 참말이가, 우리는 왜 여태 그걸 몰랐노. 사람은 누구나 다 죽는데, 천당은 가야지. 나도 믿고 천당에 갈란다."

이렇게 전도가 되어 몇몇 사람들이 믿기 시작했고, 드디어 1929년 3월 24일 주일 아침, 해가 동산에 떠오를 때 장년 남자 5명, 여자 7명 모두 12명이 이길봉 씨 사랑방에 모여 첫 예배를 드림으로 교회가 설립된 것이다. 범울리 교회의 특이한 점은 선교사에 의해 세워진 것이 아니라, 주민 스스로 장터에 나가 복음을 듣고 이웃에 전도하여 자발적으로 교회를 세웠다는 점이다. 개화기에 선교사들이 길거리나 장터에 복음을 전하고 작은 책 쪽 복음이 마을로 전파되어 그 말씀을 읽고 깨달아 믿음으로 교회를 세운 것이다. 이것은 정말 놀라운 일이다. 이 모든 것이 하나님의 은혜였다. "그러므로 믿음은 들음에서 나며 들음은 그리스도의 말씀으로 말미암았느니라(롬 10:17)."

사랑방교회가 세워졌으나 목회자가 없어 말씀도 제대로 듣지 못했지만, 주일과 저녁 예배, 새벽에 모여 기도하고 성경을 읽고 믿음으로 주님만 바라보며 열심히 신앙생활을 했다. 그리고 가끔 목회자가 있는 이웃교회에 가서 설교를 듣고, 사경회가 있으면 모두 참석하여 기도하고 찬양하며 말씀을 들었다. 그런데 동네에 교회가 세워진 것을 마을 사람들은 달갑게 여기지 않았다.

"조상신을 버리고 서양 신을 믿는다는 것이 도무지 이해가 안 된다."

"그러게, 도대체 모여서 뭘 하는지. 그들 중에는 대장간 하는 김씨도 있다나."

"양반 상놈이 한데 어울려 있는 것 자체가 아주 불쾌하기 짝이 없구먼."

그 마을은 경주 이씨, 광주 안씨, 달성 서씨, 일직 손씨, 경주 최씨, 김해 김씨와 몇몇 다른 성씨들이 거주하는 집성촌으로 이른바 옛 시대에 말하던 양반 마을이라 할 수 있다. 그러하니 사람들이 교회를 곱게 볼 리가 없다. 백안시(白眼視)의 말이 이때 어울리는 것 같다. 흰자위를 굴리며 흘겨보고 무시하고 교회를 천하게 여겼다.

사람들이 교인들을 천하게 여기는 상황이 꽤 오래 지속되었는데, 얼마의 세월이 지나는 동안 성도들이 이웃과 가정에서 모든 일에 선하고 바르게 하며, 마을 사람들에게 좋은 영향력을 끼치니 차차 이해하게 되었고 그제야 교회를 인정하기 시작했다.

"네 손이 선을 베풀 힘이 있거든 마땅히 받을 자에게 베풀기를 아끼지 말며, 네게 있거든 이웃에게 이르기를 갔다가 다시 오라 내일 주겠노라 하지 말며…포학한 자를 부러워하지 말며 그의 어떤 행위도 따르지 말라(잠언 3:27~31)."

그러므로 구원에 대해서는 빈부귀천지위고하(貧富貴賤地位高下)를 막론하고, 지식이나 외형적인 것은 전혀 문제가 되지 않는다.

오히려 학식이 많은 사람이 골치 아프고 고민이 많다.

"지혜가 많으면 번뇌도 많으니 지식을 더하는 자는 근심을 더하느니라(전 1:18)."

"..많은 책들을 짓는 것은 끝이 없고 많이 공부하는 것은 몸을 피곤하게 하느니라(전 12:12)."

1930년 그러니까 사랑방교회가 세워진 지 1년이 지난 이른 봄, 그 마을에 젊은 목회자 김광수 조사(助事: 전도사)가 부임해 왔다. 김광수 조사는 대구에서 미국 북 장로교 선교사들의 일을 돕고 있었는데, 순회하며 경주에서 전도하던 중, 그 마을 교회 형편을 듣고 들어온 것이다. 하지만 있을 곳이 없어 사랑방교회에 거처하는데, 여러 가지로 힘들고 어려웠다.

그러나 어찌하랴, 김 조사도 길봉 씨도 선교를 위해서는 어떤 어려움도 감내할 각오가 되어 있었다. "영접하는 자 곧 그 이름을 믿는 자들에게는 하나님의 자녀가 되는 권세를 주셨으니 이는 혈통으로나 육정으로나 사람의 뜻으로 나지 아니하고 오직 하나님께로부터 난 자들이니라(요 1:12-13)."

그렇게 신실하게 복음을 전하고 모두 열심을 내니, 교인이 늘어나기 시작했다. 12명으로 시작된 교회가 김 조사가 부임한 지 얼마 안 되어 19명이 되었다. 예배 장소가 좁았다. 그 시대는 부부도 앞뒤에 떨어져 걷던 시대라 남녀가 한 방에 있기가 그러한데, 서로 신경이 많이 쓰이고 불편하기 짝이 없었다. 또 남의 집을 마냥 사용하는 것도 그랬다. 그래서 김 조사는 예배당을 짓기로 마음먹고 성도들과 의논했다.

"우리도 이제 예배당을 지읍시다."

"그렇게 합시다."

나이 많은 두 어른이 좋다고 하자 모두 찬성했다.

"그러면 어디에다 지을까요?"

돈도 없고 땅도 없으니 막연하기만 하다. 모두 침묵하는 가운데 김 조사가 나직이 입을 열었다.

"이 일을 위해 우리 모두 기도합시다. 솔로몬 왕이 성전을 건축하기 전 기브온에서 기도하였던 것처럼, 하나님께서 지혜를 주실 것입니다."

"아멘."

모두 한목소리로 동의하고 각자 헤어졌다. 며칠이 지나 주일 예배 후, 다시 모여 의논하는데 이길봉 씨가 먼저 말했다.

"우리 집 뒤에 조그만 밭이 하나 있는데 … ."

교인 중 가장 연장자인 서씨가 말했다.

"아니, 그건 옆집 정씨네 텃밭이잖아요?"

"네, 그 밭을 구입하여 예배당을 지으면 어떨까 해서요. 우리도 텃밭이 있지만 너무 작고 또 더 넓힐 곳이 없으니, 정씨네 텃밭이 적당할 것 같습니다만."

잠시 정적이 흘렀다. 조용한 가운데 김 조사가 말했다.

"그 밭 얼마면 살 수 있을까요?"

"네, 산비탈이라 그리 비싸지는 않을 겁니다."

그러나 모두 아무 말이 없었다. 산 아래 작은 밭은 그리 비싸지 않을 것이다. 하지만 살림살이가 모두 팍팍할 수밖에 없었다.

그 시대에 이미 일본 제국주의의 만행, 정복자의 강압과 잔혹성은 만천하에 드러났다. 약탈과 착취, 강제노역, 위안부에 마루타 인체 실험까지 그러니 백성들이 얼마나 많은 피땀을 흘리며 고생을 했겠는가.

"죽일 놈, 저 왜놈들!"

이렇게 욕을 하며 이를 갈아본들 불가항력적일 수밖에.

우리 고조선 건국이념은 홍익인간이요 자주독립의 이상은 만국 평화주의요 사해동포주의다. 이런 우리 민족이 나라 잃은 설움은 이루 말할 수 없다. 억울하고 분하여 독립의 의지를 불태우는 많은 사람들이 조선 방방곡곡에서 일어나, 압록강 건너 독립군에 합류하고 있다는 소식도 들려왔다. 10년 전, 1920년 독립군은 청산리 전투에서 큰 승리를 거두었다.

이렇게만 하면 제국주의 일본을 자력으로 물리칠 수 있으련만 일본은 너무 강하고 조선은 이미 국권을 빼앗겨 힘을 쓸 수 없다. 독립의 의지는 있으나 일제의 막강한 힘에 눌려 있으니 분하고 원통할 뿐이다. 인류의 역사에 다시는 이런 일이 있어서는 안 된다. "역사를 잊은 민족에게 미래는 없다."[23]

풍년이 되어 살만하면 일제의 탄압에 공출로 수탈을 당하니, 풍년이나 흉년이나 끼니를 걱정하는 것은 마찬가지였다. 이런 어려운 사정을 알고 김 조사가 말했다.

"기도합시다. 하나님께서 우리의 형편을 아시고 도와주실 겁니다."

---

23) 이 말은 단재 신채호(1880~1936)가 말했다고 알려지고 있다. 그런데 〈역사는 무엇인가(What Is History?)〉를 쓴 영국의 에드워드 핼릿 카(Edward Hallett Carr 1892-1982)의 말이라 한다. 모두 역사의 중요성을 강조하는 말이니, 누가 먼저 말했느냐보다는 역사에 대한 올바른 인식이 중요하다.

사흘이 지나 수요기도회에 모여 의논한 결과, 그 밭을 구입하기로 하고 이 일을 이길봉 씨가 맡아 주선하기로 했다. 그 터는 복호산(伏虎山) 기슭 중턱 양지바른 곳에 위치해 있었다.

이튿날, 길봉 씨는 밭 주인 정씨를 찾아갔다.

"우리 집 뒤에 있는 텃밭을 팔 의향이 있으신지?"

"무엇에 쓸라고요?"

"예배당 지으려고요."

"그래요? 채소도 가꾸어야 하고 우리도 꼭 필요한데…. 아무튼 집사람에게 말해 보고요."

다음 날 정씨 집에서 연락이 왔다. 밭을 매도하겠다는 것이다. 어렵게 생각했는데 일이 순순히 진행되고 있었다. 이 모두가 하나님의 은혜요 성도들의 기도 덕분이었다.

정씨는 그 텃밭을 정성 들여 가꾸어 왔다. 아깝기도 하지만 예배당을 짓는다 하니 그의 부인도 좋게 여겨 순순히 응했던 것이다. 사랑방교회에 성도는 적었으나 서로 베풀고 선한 일을 많이 하니 평판이 좋았던 것이다. 정씨가 말했다.

"그냥 드려도 좋겠으나 우리도 필요한 것이 있어서…."

"암요, 제값을 드려야지요. 우리 교인들 모두 좋아할 겁니다. 감사합니다."

예루살렘 성은 시온산에 건축되어 시온성으로 불린다. 시온산은 아브라함이 이삭을 번제로 드리려 했던 모리아산이요(창 22장) 아라우나(오르난)의 타작마당이다(삼하 24; 대상 21장). 이곳에 솔로몬이 예루살렘 성전을 세웠다(왕상 6장, 대하 3장).

"솔로몬이 예루살렘 모리아 산에 여호와의 전 건축하기를 시작하니 그곳은 전에 여호와께서 그의 아버지 다윗에게 나타나신 곳이요 여부스 사람 오르난의 타작마당에 다윗이 정한 곳이라(대하 3:1)."

다윗왕이 교만하여 인구조사로 하나님께 징계를 받던 중 갓 선지자가 다윗에게 "여부스 사람 아라우나의 타작마당에서 여호와를 위하여 제단을 쌓으소서." 하매 다윗이 올라가니 아라우나는 값을 받지 않고 타작마당은 물론 소와 도구들까지 주어 제사를 드리도록 했다. 하지만 다윗은 "값없이는 내 하나님 여호와께 번제를 드리지 아니하리라."하고 은 50세겔로 타작마당과 소를 사고(삼하 24, 대상 21장). 또 다윗은 그 터 값으로 금 육백 세겔을 오르난에게 주었다(대상 21:25).[24]

타작마당은 심판의 장소를 의미한다. "손에 키를 들고 자기의 타작마당을 정하게 하사 알곡은 모아 곳간에 들이고 쭉정이는 꺼지지 않는 불에 태우시리라(마 3:12)." 그러므로 성전은 구속의 장소요 심판과 회개를 통한 구원의 장소가 된다. "그런즉 우리도 그의 능욕을 짊어지고 영문 밖으로 그에게 나아가자(히 13:13)."

주일날 교회 터를 구입하기 위해 성도들 모두 힘닿는 데까지 헌금하였고, 김 조사는 수중에 남은 여비까지 모두 드렸다. 그날 교인들이 모두 텃밭을 둘러보고 있을 때 김 조사가 말했다.

---

24) 삼하 24:24에 다윗이 지불한 은 오십 세겔은 타작마당과 소에 대한 값이고, 대상 21:25에 다윗이 지불한 금 육백 세겔은 터 값이다. 대상 21:25의 "그 터"의 히브리어는 특정한 장소와 지역을 가리키는 단어로 아라우나가 거주하고 있던 모리아 전 지역으로 이해할 수 있다. 그 당시 은 한 세겔은 성인 남자의 4일간 품삯이고, 금 한 세겔은 은 한 세겔의 15배의 가치가 있었다.

"그런데 터가 좀 좁으니 더 넓혀야겠어요."

"네, 그렇게 합시다. 할 수 있는 한 많이 넓혀 봅시다."

모두 힘을 합쳐 터를 넓히기 시작했지만 쉬운 일이 아니었다. 주변이 흙과 모래로 단단히 굳어진 마사 토질이라 파내기가 여간 힘든 것이 아니었다. 그래도 며칠 동안 모두 힘을 합해 제법 크게 지을 만큼 터가 넓어졌다. 드디어 예배당을 지을 만큼 완성된 것이다. 터 닦는 일을 마치자 김 조사가 들고 있던 삽을 터 가운데 꽂으며 소리를 높여 말했다.

"교회는 진리의 기둥과 터다!"

교인들이 모두 이구동성으로 화답했다.

"아멘, 할렐루야!"

"이 집은 살아 계신 하나님의 교회요 진리의 기둥과 터니라(딤전 3:15下)."

어느덧 봄이 지나고 여름이 다가오고 있었다. 온갖 꽃들이 만발한 산과 들에는 새들이 즐겁게 지저귀고, 뒷산 뻐꾸기는 봄이 지나가는 아쉬움을 노래하였다. 그렇게 봄날은 가고 있었다.

뻐꾹뻐꾹 봄이 왔네.
춥던 겨울 다 지나가고 따뜻한 봄 돌아왔네.
뻐꾹뻐꾹 봄이 가네.
뻐꾸기 소리 잘 가란 인사 복사꽃이 떨어지네.
뻐꾹뻐꾹 여름 오네.

뻐꾸기 소리 첫여름 인사 잎이 새로 돋아나네.

농번기가 시작되고 곧 장마철이 다가온다. 교회 건축에 교인들은 힘을 모아 일했다. 집을 짓는 데는 목수와 미장과 도우는 사람의 손발이 척척 맞아야 빨리 진행된다. 그러나 이보다 더 중요한 것은 날씨가 좋아야 한다. 비가 오면 일을 할 수 없다. 그래서 반드시 하나님이 도와주셔야 한다. 농사도 그렇다. 그래서 예로부터 사람들이 말했다.
"농사는 하늘과 동업하는 사업이다."

"내가 오늘 너희에게 명하는 내 명령을 너희가 만일 청종하고 너희의 하나님 여호와를 사랑하여 마음을 다하고 뜻을 다하여 섬기면, 여호와께서 너희의 땅에 이른 비와 늦은 비를 적당한 때에 내리시리니 너희가 곡식과 포도주와 기름을 얻을 것이요(신명기 11:13-14)."

그만큼 하늘이 도와야 하는 것이다. 농사가 잘되려면 때를 따라 필요적절하게 비와 바람과 햇볕이 요구된다. 그래야 풍년의 기쁨을 맛볼 수 있다. 그렇다면 하늘의 일과 사람의 일이 몇 대 몇이나 될까? 일반적으로 사람들은,
"반반이다." 50 대 50으로 생각한다.
또 어떤 사람은 이렇게 말한다. 특히 운동경기에서, "기삼운칠(技三運七)이다."[25]

---

25) 기삼운칠(技三運七)에 대한 이야기는 청나라 초기 산동성 출신 포송령(蒲松齡, 1640~1715)의 소설 《요재지이(聊齋志異)》에 나온다. 기로 이룰 수 있는 것은 셋이요 운으로 열을 완성한다. 요재(聊齋)는 포송령의 서재 이름으로 "요재가 기록한 기이한 이야기 거실"의 의미이다.

그럴듯하다. 노력을 한 사람도 운이 따라야 성공을 할 수 있고 이길 수 있다는 것이다. 또 어떤 이는 오직 자기 자신만의 능력을 생각하고 큰소리친다.

"세상에 믿을 사람은 나밖에 없다. 내 주먹을 믿으라."

과연 사람이 오로지 혼자의 힘으로 살아갈 수 있을까? "사람이 혼자 사는 것이 좋지 아니하니(창 2:18)", 그래서 아리스토텔레스도 "인간은 사회적 동물이라."[26]했다. 인간의 본성은 사회적 존재라 공동체에서 서로 존재를 확인하며 살아야 하는 것이다.

세상에는 재능이 뛰어난 사람이 수없이 많다. 그들은 어떻게 생각하는가?

"천재는 99%의 노력과 1%의 영감으로 이루어진다."

미국의 발명가 에디슨의 말이다. 사실 이 명언은 에디슨의 의도와는 전혀 다르게 전달되어 신문에 실렸다 하는데, 기자가 인터뷰 과정에서 잘못 이해하고 기사를 작성했기 때문이라 한다. 이 진실은 후에 에디슨이 자서전에서 "영감이 없으면 노력을 한들 소용이 없다는 의미로 한 말이었다."고 자신의 뜻을 밝혔다.

사람은 아무리 노력해도 안 되는 것이 많고 또 뜻대로 되지 않는 것이 너무도 많다. 이 사실을 모르는 사람은 없을 것이다. 그러므로 사람은 기도하며 살 수밖에 없다. 에디슨은 노인이 되어서도 발명에 대한 열정을

---

26) 아리스토텔레스(B.C.384~B.C.322)는 그의 저서 〈정치학(Politics)〉에서 '인간은 정치적 동물(zoon politikon)'이라는 표현을 사용하였는데, 후에 고대 로마 정치인 세네카(BC 4~65)가 그리스어로 쓰인 이 글을 라틴어로 번역하는 과정에서 사회적 동물(social animal)로 바뀌게 되었다고 한다.

멈추지 않았다. 이런 열정에 기자들이 물었다.

"어떻게 노인이 되어서도 이렇게 왕성히 일할 수 있습니까?"

"믿음입니다. 영원에 대한 믿음이 저로 하여금 이렇게 현재의 삶을 더 충실하고 만족하게 합니다. 우리는 영원한 세계가 있다는 것을 늘 믿고 있습니다. 죽음은 현재의 출구요 영원으로 향하는 입구입니다."

영원한 세계는 인생의 희망이다. 에디슨의 말처럼 영감은 기술을 습득하는 지식, 지혜, 힘, 용기, 재능의 출발점이며 이 모든 것이 믿음에 있는 것이다. 사람은 무엇을 어떻게 믿는가. 그것이 중요하다. 기도는 모든 일의 시작이요 출발점이다.

"믿음의 기도는 병든 자를 구원하리니 주께서 그를 일으키시리라. 혹시 죄를 범하였을지라도 사하심을 받으리라(약 5:15)."

"딸아 네 믿음이 너를 구원하였으니 평안히 가라. 네 병에서 놓여 건강할지어다(막 5:34)."

주님은 믿음의 기도를 원하신다. 믿음의 기도에 대하여 성경은 엘리야를 소개한다.

"엘리야는 우리와 성정이 같은 사람이로되 그가 비가 오지 않기를 간절히 기도한즉 삼 년 육 개월 동안 땅에 비가 오지 아니하고, 다시 기도하니 하늘이 비를 주고 땅이 열매를 맺었느니라(약 5:17-18)."

사람들은 어려운 일을 당하거나 일이 뜻대로 되지 않으면 자신의 어리석음을 한탄하거나 누구를 원망한다. 세상만사가 그렇듯이 사람의 일은 뜻대로 되지 않는 일이 많다.

"하늘도 무심하지 어찌 이럴 수 있는가."

믿음의 사람도 이렇게 말하고 생각하는데, 비신앙적이라는 것을 알면서도 저절로 나오게 되니 사람은 정말 어쩔 수가 없다. 하지만 어찌하겠는가. 인간의 힘으로 막을 수 없는 일을 하늘을 원망하고 다른 사람을 탓하며 마음 아파해 본들 자신만 괴로울 뿐이다.

초가 두 칸 겹집을 짓는 것이 그리 어려운 일은 아닐 것이지만, 지대가 높은 곳이라 재료를 일일이 등에 지고 날라야 했고 비 오는 날은 일을 할 수 없었기에 시일이 오래 걸릴 수밖에 없었다. 또 가정일과 농사일로 바쁘다 보니 틈을 내어 일해야 했다.

젊은 김광수 조사는 이런 성도들의 사정을 알고 오직 믿음과 용기로 이른 새벽부터 어두워지기까지 땀을 흘려 온 정성을 다했다. 여름이 되어 보리와 밀을 수확했지만 일제의 탄압으로 살림살이가 넉넉하지 못하여, 교인들은 김 조사에게 보리밥도 제대로 대접하지 못해서 미안한 마음 금할 길이 없었다. 어느덧 산들산들 하늬바람 갈바람이 불어오고 있었다. 여름이 지나가고 있었다.

초가 교회 대들보를 올리고 서까래를 걸쳐 흙을 덮었다. 지붕의 마지막 덮개는 볏짚이다. 하지만 추수가 끝나야 볏짚을 구할 수 있다. 농촌에서 볏짚은 땔감과 거름으로 사용한다. 그러니 이때까지 볏짚이 남아 있을 리 없다. 보릿짚과 밀짚이 있었지만 지붕으로는 사용하지 않는다. 미끄러워

이엉을 엮기 어려울 뿐만 아니라 가벼워 바람에 날리고 비가 스며들면 쉽게 썩는다. 그래서 보릿짚과 밀짚 초가는 없다.

지붕은 볏짚이 가장 좋다. 보릿짚이나 밀짚은 가운데에 구멍이 하나만 크게 뚫려 있는 데 비해 볏짚은 크고 작은 구멍들이 있는 다공성 구조다. 볏짚이야말로 천연 단열재 역할을 하는 좋은 재료다. 그런데 볏짚은 10월 말 추수가 끝나야 충분히 구할 수 있다. 그때까지 기다릴 수는 없다.

"어떻게 하지? 빨리 지붕을 덮어야 비를 피할 수 있는데."

그래서 의논한 결과 산비탈에 있는 억새를 베기로 했다. 억새는 단단하고 거칠지만 지붕의 초벌로 깔기에는 그만이다. 교인들이 모두 낫을 들고 나섰다. 원래 산비탈의 억새는 어지간해서 무성하게 자라지 않는다. 여름의 긴 장마와 호우로 억새가 무성히 자라 있었다. 모두 찬양을 하며 즐겁게 억새를 거두었다.

억새를 지붕으로 덮으니 집이 제법 근사하고 보기도 좋았다. 이제 비 걱정은 하지 않아도 된다. 그리고 가을걷이가 끝나면 볏짚을 억새 위에 덧씌워 지붕을 마무리하면 된다. 비 걱정이 없으니 건물 안에서의 작업은 일사천리로 진행되었다. 이렇게 고생 끝에 초가삼간 두 칸 겹집을 지었다.

성도들이 힘을 모아 세운 겹집 초가 교회를 모두 애지중지하지 않을 수 없었다. 겹집은 한 개의 마루에 두 줄로 나란히 방을 만든 집이다. 큰방은 예배실, 작은방은 목양실로 사용하고 조그만 마루도 있으니 그 당시 집으로는 사용하기에 편하고 좋았다. 또 작은 방 옆으로 처마 끝 서까래에 판자를 이어 달아 곳간도 만들었고, 맞은편 출입구 처마 끝에 작은 두레박 크기의 종을 달았다.

이제 언제든지 모여 기도할 수 있고 찬송도 부를 수 있어서 성도들 모두가 기뻐했다.

어느덧 가을걷이가 한창이었다. 추수감사절을 맞아 준공식을 겸하여 입당 예배를 드렸다. 사람들의 교회에 대한 인식이 달라졌다.

아이들이 모여들었다. 김 조사는 기회 있을 때마다 글을 모르는 아이들을 가르치고 성경 이야기를 들려주었다. 재미있는 성경 이야기와 배우는 즐거움에 주일 학교 학생들이 불어나고 어른 교인도 점점 늘어났다. 교인들은 전도에 힘이 났다. 특히 서정표 집사의 모친 황씨 아줌마는 전도 열의가 대단하여 주일 오후에는 가가호호 방문하여 전도하였고 초상집에도 무조건 들어가 전도하였다.

"사람은 누구나 죽는 거여, 우리는 어쩔 수 없어. 예수 믿고 천당 갑시다."

이렇게 교인 수가 50여 명으로 늘어나 1943년에 출석 교인 중 집사가 열아홉이었으니, 작은 시골 교회가 날로 부흥 발전하였다고 볼 수 있다. 또 집사 중에 창립 교인으로 가장 연장자인 서정표 집사를 영수[27]로 추대하여 교회의 기반이 더욱 굳건히 다져졌다.

그 시대에는 교회를 전적으로 맡아 지도할 교역자 구하기가 무척 어려웠다. 한 교역자가 때로는 일곱 교회를 순회하며 목회하는데, 교역자 얼굴 한번 보기가 어려웠다. 그러니 영수의 역할과 그 임무가 막중하지 않을 수 없었다. 교역자의 사례비도 해방 전에는 거의 무보수였고 해방 후에도 생활비라야 여름에 매월 보리쌀 대두 한 말, 가을 추수 후로는 보리쌀 5되와 백미 5되가 고작이었다.

---

27) 영수(領袖)는 장로교회에서 조직이 아직 갖추어지지 아니한 교회를 대표하는 사람이며, 임시직이다. 이 말은 1960년대까지 사용하다가 점차 없어졌다.

일제 말기(1940년대)에 여느 교회와 마찬가지로 탄압이 극심하여 유기그릇도 공출로 바쳐야 했고, 몰래 숨겨두었던 것까지도 모두 약탈당하고 교회 종마저 빼앗겼다. 밤이 되어 호야 석유등으로 불을 밝혔으나 석유도 구하지 못했다.

지독한 일제의 만행은 도저히 끝나지 않을 것 같이 계속되는 가운데 억압을 견디지 못한 지식인들은 변절자가 되고, 끝내 참지 못한 신앙인들이 배교하는 안타까운 사건들이 일어났다. "그러나 끝까지 견디는 자는 구원을 얻으리라(마 24:13)."

이 혹독한 시련 속에서 과연 누가 끝까지 견딜 수 있으며, 또 그런 자가 얼마나 되겠는가. 인간의 연약함, 그 나약함을 어찌하랴. 그러므로 지혜를 구하고 능력을 주시는 주님께 도움을 청할 수밖에 없다.

자신의 힘으로 할 수 있다고 큰소리치는 것은 자신감이 아니라 교만이요 어리석고 미련한 생각이다. 큰소리치는 자가 넘어지고 성급하게 덤비는 자가 쓰러진다. "교만은 패망의 선봉이요 거만한 마음은 넘어짐의 앞잡이니라(잠 16:18)."

이 무지막지한 세월이 흘러 드디어 소망의 때가 이르러, 그 참혹한 암흑의 시대는 끝나고 마침내 광명의 시대가 왔다.

일본제국 그 교만과 포악의 땅 지팡구[28]는 두 개의 원자폭탄으로 초토화되었다.[29] 일제는 태평양전쟁에서 패하였고 천인공노(天人共怒)할 추

---

28) 지팡구(Ziippangu)는 '일본국(日本國)' 중국발음이다. 일본발음 닛폰(Nippon 日本), 중국발음 짓펀(Gipan日本)+구\(gu國)이며 마르코 폴로(1254~1324)가 Zipangu로 표기했고, 이것이 서양에 알려져 제펜(Japan)으로 일본의 공식 명칭이 되었다. 프랑스어로 쟈폰(Japon), 독일어로 야판(Japan)도 같은 의미다.

29) 1945년 7월 26일 미, 영, 중은 포츠담에서 일본에 무조건 항복할 것을 선언했으나 일제는 듣지 않았다. 이에 미국은 8월 9일 원폭명(암호) "리틀 보이(Little boy)"를 히로시마에, 8월 9일 "팻

악한 만행은 종지부를 찍었다.

아, 광복! 그날의 기쁨을 어찌 말로 다 할 수 있으랴. 우리 민족 모두가 그렇게 애타게 기다리며 염원했던 그날이 온 것이다.

"그날이 오면 그날이 오면은, 삼각산이 일어나 더덩실 춤이라도 추고, 한강 물이 뒤집혀 용솟음칠 그날이…"30)

이와 같은 시대에 부른 환희의 노래가 있으니, 1939년에 발표되어 인기를 얻은 "감격시대"이다.

"거리는 부른다. 환희의 빛나는 숨 쉬는 거리다."

이 노래가 발표될 당시 친일가요라 비난했다고 한다. 그럴 수밖에 없는 것이 그 암울했던 일제 말기에 이런 환희의 노래를 불렀으니 오해하고도 남을 일이다. 하지만 해방이 되어 이 노래를 많이 불렀고 아직도 옛날 가요로 부르고 있으니 긍정적인 관점에서, 그 어둡던 시대에 언젠가는 반드시 올 기쁨의 그날을 그리며 부른 것이라 생각해 볼 수도 있다.

맨(Fat man)"을 나가사키에 투하했다.

30) "그날이 오면" 이 시는 소설가이자 시인인 심훈(1901~1936)이 1930년 3·1절을 맞이하여 11년 전 독립만세운동에 참여했던 당시의 감격을 되살리면서, 광복된 조국의 미래를 바라보며 열정적으로 노래한 대표적인 저항 시 중 하나다. 모두 2연, 각 연 8행으로 이루어져 있는데, 특히 2연에 광복의 그날이 올 것을 믿음으로 노래하는 감격과 환희에 찬 시인의 광복에 대한 열망이 집약되어 있다. 1932년에 시집 〈그날이 오면〉을 발표하려 했으나 조선총독부의 검열 때문에 좌절되었고, 작가의 유고(遺稿) 시와 수필을 1949년 한성도서출판사에서 간행하였다.

해방이 되어 생활이 안정이 되고 교회가 부흥하니, 모든 것이 하나님의 은혜요 사랑이었다. 그 후 5년이 지나 6·25가 일어났다. 마을 사람들 모두 피난을 갔다 왔지만, 교회와 마을은 피해가 없었다. 3년의 전쟁이 끝나고 다시 평화의 시대가 찾아왔다.

교회에서 해마다 여름성경학교를 열어 말씀을 가르치고 오락도 하여 즐거웠고, 크리스마스가 되면 요절 암송, 노래, 연극, 동화, 무용 발표회를 하였다. 교회는 부흥하였고 무엇보다도 주일 학교 학생들이 많아져 그들이 진학하면서 중·고생이 되고 청년들이 되었다.

그렇게 평화로운 10여 년의 세월이 지난 어느 해, 온 나라에 장질부사(장티푸스)가 유행하였다. 범울리 마을에도 몇 사람이 걸렸다. 그중에 경주고등학교 3학년에 다니던 착하고 성실하고 공부 잘하기로 소문난 안병락 학생이 그만 병에 걸리고 말았다. 그는 옆집에 살고 있는 경주중학교 3학년 이종증 학생이 좋아하고 친하게 지내던 형이었다.

"형, 어떻게 공부를 그렇게 잘해?"

"난 아직 부족한 것이 많아."

"전교 10위 안에 들면 잘하는 거지 뭐."

"너는 이번 시험 어땠어?"

"15위 밖으로 밀려났어."

"넌 이제 중3이니 고등학교 가면 더 잘할 수 있을 거야."

병락이도 세 살 아래인 성실하고 공부 잘하는 그를 좋아했다. 둘은 통학열차를 타고 다니며 학교 이야기 세상 얘기를 나누었고, 주일에는 교회에서 만나기도 했다.

병락의 어머니 서욱 댁은 아들을 고쳐 달라고 울면서 기도했다. 그녀의 시어머니 안장당 댁 이장아는 교회 창립 교인이었다. 그녀는 시어머니의 기도하는 모습을 떠올리며, 세 아들 중에 가장 인물 좋고 공부 잘하고 착한 막내가 병들어 신음하는 모습을 차마 볼 수가 없어 밤새도록 흐느끼며 울부짖었다. 약을 지어 먹였지만 차도가 없고, 병은 더욱 깊어만 갔다.

그러던 어느 날 불덩이 같은 열이 서서히 떨어지더니, 아들이 자리에서 일어나는 것이 아닌가!

"엄마, 물 좀."

"그래, 아가야. 좀 어떠냐?" 다 큰 청년이어도 어머니에게는 아가였다.

"엄마, 지난밤 이상한 꿈을 꾸었어요."

"어떤 꿈?"

"흰옷을 입은 사람이 오늘 나를 데리러 온대요."

"으응, 어떤 사람?"

"하얀 옷을 입은 사람인데 그 흰 빛이 눈에 부시게 곱고 아름다웠어요."

그 흰옷 입은 사람이 누구인지 그녀는 짐작이 갔다. 성경 이야기가 생각났다. "이에 그 거지가 죽어 천사들에게 받들려…(눅 16:19)."

하지만 사랑하는 아들을 떠나보내야 한다는 사실이 너무나 가슴이 저리고 아팠다.

"엄마, 내 옷 좀 줘요."

"어떤 옷?"

"그 사람 맞으려면 좋은 옷…." 그는 잠시 말을 멈추었다가 웃으며 말했다.

"응, 교회 갈 때 즐겨 입던 옷."

그 당시는 옷이 귀한 시대라 많이 비쌌고 가난한 가정에서는 형들이 입다가 작아서 못 입는 옷을 물려받아 입는 것이 고작이었다. 먹을 것이 우선이었고, 옷은 낡아도 몸에 걸치기만 하면 되었다.

그녀는 아들이 말한 옷을 꺼냈다. 옷을 받아 입은 그는 다시 자리에 눕더니 잠이 들었다. 그 모습이 너무도 평온했다. 그녀는 눈물을 흘리며 아들을 지켜보았다. 그러다 갑자기 아들의 호흡이 약해지더니 살며시 눈을 뜨는데, 그 눈빛이 예사롭지가 않았다.

"엄마, 흰옷 입은 사람이 왔어요. 금마차를 타고."

"응, 금마차? 황금마차!"

"네, 나를 태우고 하늘나라로 간대요."

"하늘나라? 천국, 천당!"

아들은 마지막 숨을 쉬고 나서 조용히 눈을 감았다. 그 모습이 너무도 평안하고 고왔다.

안서욱 댁 막내아들의 죽음에 마을 사람들은 모두 안타까워했다.

"아들 중에 제일 똑똑하고 인물 좋고 착했는데."

"젊은 나이에 꽃도 피워보지 못하고 쯧쯧."

"사람은 언젠가는 죽지만, 젊은 나이에 너무 안타까워."

"예수 믿고 죽으면 천당 간다는데, 거기에 갔겠지."

"천당이 그렇게 좋다는데, 누구나 다 가고 싶은 곳 아이가."

그 마을에 만 여섯에 초등학생 1학년이 된 아이가 있었으니, 이름은 이영수였다. 그는 마음이 여리고 겁이 많았다.

"영수야, 영수댁[31]에 심부름 갔다 오너라."

영수댁은 서정표[32] 영수의 부인 박금희 집사를 말한다. 장로가 된 지 5년이 넘었지만 마을 사람들은 박금희 집사를 장로댁이라 하지 않고 영수댁이라 불렀다. 그 집은 그리 멀지 않았다. 뒷골목으로 가는 길은 지름길로 천천히 걸어도 3~4분이면 가고, 방천에서 부영골 쪽으로 둘러 가면 4~5분 더 걸려서 갈 수 있었다.

어느 길로 갈 것인가. 늘 지름길로 다녔지만 그날은 그곳으로 가지 못했다. 가는 길에 죽은 그 학생의 집이 있었기 때문이다. 병이 옮을까 두려웠고 죽음이 두려웠다. 영수는 어려서부터 주검을 많이 보았다.

범울리 윗마을에 술을 엄청 좋아하는 어른이 한 분 계셨다. 하루는 주막에서 잔뜩 취하여 집으로 왔는데 술이 더 먹고 싶었다. 광에 들어가서 술병을 찾아 벌컥 들이켰는데, 그것은 술이 아니라 농약이었다. 빨리 발견했으면 살 수 있었을 텐데 동지섣달 밤중이라 그만 별세하고 말았다.

또 사자봉 뒤 호롱골에 망기당 조한보 선생 재실(齋室 1924년 건립 호계 서당)을 관리하며 살던 젊은 부부가 있었다. 그 근처에 쥐가 많아 부엌과 광에 쥐약을 놓았다. 집에 어린애들이 있어 조심하느라 손이 닿지 않은 높은 곳에 두었는데, 애들이 주먹밥인 줄 알고 의자를 디디고 꺼내어 둘이 나눠 먹고 죽고 말았다. 그의 부모가 축 늘어진 두 아이를 업고 통곡

---

31) 영수댁이나 장로댁은 교회 직분을 택호로 부른 것이다. 택호는 그 집의 명칭으로, 우리나라는 여자가 시집을 가면 친정 마을 이름으로 택호(宅號)를 지어 불렀다. 그래서 부인은 ○○댁이 되고, 남편은 ○○어른이 된다. 시집온 여자의 친정 고향 마을이 그 집 대표 명칭이 되는 것이다. 이런 사회적 관례는 20세기 말까지 이어져 오다가 21세기가 되어서 점차 사라지고 있다.

32) 서정표 장로는 경주 호명교회 창립교인으로 10여 년을 영수로 봉직하였다. 1953년 10월 5일 초대 장로로 장립 받고 시무하다가 1959년 5월 6일 소천하였다.

하며 의원을 찾아가는 모습은 차마 눈뜨고 볼 수 없었다.

영수가 초등학교 3학년 새 학기를 맞아 예쁜 여선생님 한 분이 전근을 왔다. 담임을 맡은 그 선생님의 이름은 문미자였다. 수업 시작종이 울리자 한 학생이 기다렸다가, 교실 미닫이문을 열면서 말했다.
"문을 미자!"
"하하하, 하하하하!"
아이들의 웃음소리가 한꺼번에 터졌다. 처음에는 선생님도 빙그레 웃었다.
그다음 시간이 되어 그 학생이 또 그랬다. 이번에는 분필 지우개를 문 위에 걸쳐 놓는 장난까지 쳤다. 선생님의 안색이 변하더니 회초리를 들고 화난 목소리로 말했다.
"야, 너 이리 나와!"
"히히히, 히 킥킥킥."
그때까지 웃음을 멈추지 못한 학생도 있었다.
"모두 일어나! 듣기 좋은 꽃노래도 한두 번이지, 전체 기합!"
학생들 모두 세 대씩 맞고, 장난을 친 아이는 일곱 대를 맞았다.
그때 뺑소니를 쳐서 집으로 도망간 학생이 있었는데, 그는 고집이 세고 깡다구가 있는 악돌이였다. 매 맞기 싫어서 도망쳤지만, 정말 학교가 싫고 공부가 재미없었다.
"아버지, 나 학교 안 갈래요."
"왜 그래?"
"가기 싫어요."

더 이상 이유는 말하지 않고 무조건 가기 싫다고만 했다. 부모님이 아무리 어르고 달래도 소용이 없었다.

"일을 지독하게 시키면 힘들어서 학교 가겠지."

이제 겨우 열 살 된, 1남 2녀 막내 어린 외아들을 그날부터 지게를 지워 산으로 보내고 머슴처럼 농사일을 시켰지만 학교 가겠다는 말은 한 마디도 하지 않았다. 그야말로 악돌 중에 악돌이였다.

그렇게 1년이 지나고 봄 새 학기가 되었다.

"아버지, 나 학교 갈래요."

"그래, 왜? 그렇게 가라 해도 안 가더니."

"이제 공부하고 싶어요. 일하는 게 힘들어요."

1년 동안 힘든 일을 한 악돌이는 농사를 짓더라도 "공부는 꼭 해야 한다. 배워야 한다."고 생각했다.

일제 강점기 때 신학문을 배운 학생들이 농촌계몽학 운동을 하면서 강조한 표어가 있었다. "아는 것이 힘이다. 배워야 산다!"[33]

그렇게 다시 학교에 들어가 공부하던 그해 여름, 악돌이는 학교에서 집으로 오던 길에 형산강과 기계천이 만나는 태난소에서 멱을 감다가 그만 빠져 죽고 말았다. 가족들은 그의 주검을 안고 통곡하였다.

죽음은 무엇이고 죽으면 어디로 가는가? 사람에게 영혼이 있다고 하는

---

33) 심훈(1901~1936)의 소설 상록수(1935년 동아일보 연재)에 일제가 채영신과 동혁이 청석골교회에서 문을 연 농촌계몽학교를 폐쇄하고 아이들의 등교를 막자, 채영신이 텅 빈 교회당에서 수업을 진행하고 아이들은 교회 밖 뽕나무에 올라가 수업을 받는 장면이 나온다. 그때 채영신 선생은 안타까운 심정으로 목이 메어 눈물을 흘리며 "아는 것이 힘이다, 배워야 산다!" 소리치면, 아이들은 또랑또랑한 눈망울로 목청이 터져라 따라 했다. "아는 것이 힘이다, 배워야 산다!" 눈물을 흘리며 악에 받쳐 반복하고 또 복창하는 그 말은 일제에 항거하는 울분의 목소리였다.

데 보이지는 않고 어린 영수는 그저 질병이 무섭고 죽음이 두려웠다.

"죽음은 가족도 친구도 사랑하는 사람도 이별이고 다시 볼 수도 없고 아무리 잘 하려 해도 소용이 없구나."

"지금은 죽었으니…나는 그에게로 가려니와 그는 내게로 돌아오지 아니하리라(삼하 12:23)."

1970년대가 되어 해마다 풍년이 들고 평화로운 날들이 계속되었다. 그러던 어느 날 겨울이 되어 교회에 다니는 한 아주머니가 감기가 들었는데, 처음에는 심하지도 않았다.

교회 가까이에 사는 그녀는 믿음이 있어 다니는 것이 아니었다. 딸의 권유로 마지못해, 주일 오전 예배에 참석하였고 그것도 가끔이었다. 딸은 시내에 거주하며 직장을 다니고 있었고 집에 자주 오지 못했다.

다 알다시피 보통 감기는 약을 먹지 않아도 시간이 지나면 저절로 낫기도 한데, 낫기는커녕 왠지 더 심해져만 갔다. 교회를 나가지 못하자 목사님과 성도들이 심방을 했다.

"빨리 일어나셔야지요."

"힘내세요. 기도하겠습니다."

하지만 병은 점점 더 악화되어 꽃피는 봄이 되어도 일어나지 못하고 누워만 있었다. 막내동서가 병문안을 왔다,

"형님, 일어나셔야지요."

"그래, 일어나야지. 그런데…." 말을 하다가 멈추었다.

"무슨 일이 있었어요?"

"지난밤 꿈을 꾸었어."

"어떤 꿈을요. 좋은 꿈이에요?"

그녀의 꿈은 이러했다. 처녀 시절의 친구들과 화전놀이를 갔는데, 산골짜기에 맑은 물이 흐르고 아름다운 꽃들이 만발하고 예쁜 새들이 지저귀는 너무나 곱고 화려한 곳이었다. 서로 정답게 재잘대며 놀다가 한 친구가 말했다.

"이제 그만 놀고 집에 가자."

"그래, 엄마가 기다리시겠다."

모두 집으로 돌아가려는 그때, 그녀가 신고 있던 신이 없어졌다. 아무리 찾아도 보이지 않았다. 친구들은 가버리고 혼자서 신을 찾으려고 애쓰며 헤매다가 꿈을 깼는데, 아쉽고 허전한 마음은 이루 말할 수 없었다.

꿈 이야기를 마친 그녀는 피곤하다며 잠이 들었다. 그렇게 며칠을 깊은 잠을 자다가 세상을 떠나고 말았다. 가족들의 슬픔은 이루 말할 수 없었다.

과연 그녀도 금마차를 타고 하늘나라로 갔는지 알 수 없다. 누가 하늘의 황금마차를 볼 수 있는가.

"진실로 진실로 너희에게 이르노니 하늘이 열리고 하나님의 사자들이 인자 위에 오르락내리락하는 것을 보리라(요 1:51)."

에덴의 동쪽에서 일어나는 일이 그렇듯이 크고 작은 사건들은 수없이 많았지만 하나님의 은혜인가, 해마다 풍년이 오고 평화로운 날들이 계속되었다.

1973년 6월 여의도 광장에 빌리 그래함 집회가 있었다. 수많은 군중들이 모여 말씀을 듣고 전국 방방곡곡에 부흥의 불길이 불꽃처럼 일어나고 있었다.

그러던 어느 해, 믿음이 좋은 한 가정이 범울리에 이사를 왔다. 남편은 가까운 읍내 병원 의사로 교회 직분은 집사였고 아내는 권사로 1남 3녀의 예쁜 자녀들을 데리고 이사를 온 것이다.

권사님은 열심히 기도했고 누구보다도 전도에 열심이었다. 그리고 어려운 이웃을 정성껏 돌보며 예수님의 사랑을 실천했다. 몇 해가 지나, 초등학교 3학년에 다니던 예쁜 딸이 그해 겨울 유행하던 독감에 걸리고 말았다. 고열이 오르고 온몸이 불덩이가 되어 사경을 헤맸다. 약을 먹고 주사를 맞았다. 아빠가 의사니 얼마나 치료를 잘 했겠는가. 치료한 지 며칠이 지나 자리에서 일어났다.

"엄마, 뭐 먹고 싶어."

"그래, 아가야. 뭘 먹고 싶니?"

"홍시가 먹고 싶어."

"응, 그래."

소녀가 아프기 전에 먹었던 홍시가 남아 있었다. 그런데 감기나 독감에 회복 중인 사람은 갑자기 찬 음식을 먹으면 안 되는 것이었다. 며칠을 제대로 먹지 못한 사람은 먼저 따뜻한 미음이나 죽을 먹고 몸이 좀 회복된 후에 딱딱한 것이나 찬 것을 먹어야 하는데, 미처 그 생각을 하지 못한 것이다.

곳간에서 가져온 홍시를 먹은 소녀는 그 자리에 쓰러져 일어나지 못하고 하늘나라로 가고 말았다. 가족들은 대성통곡을 하였고 마을 사람들도 너무나 안타까워했다.

예쁜 그 소녀도 금마차를 타고 하늘나라로 갔는지 알 수 없다. 누가 하늘의 황금마차를 볼 수 있는가.

1980년대에도 해마다 풍년이 들고, 전국 방방곡곡에 부흥의 불길은 계속되어 많은 사람들이 구원의 길, 생명의 길을 향해 가고 있었다.

범울리 교회도 성도들이 늘어났다. 그렇게 평화로운 날들이 계속되던 어느 날, 중학생 시절부터 열심히 교회 다니던 마음씨 곱고 예쁜 한 여자 청년이 근무하던 회사에 화재가 났다. 같이 근무하던 사람들이 죽고 그녀는 온몸에 화상을 입었다. 그 고통을 어찌 말로 다 할 수 있으리오.

그런 가운데서도 그녀는 믿음을 잃지 않고 고통 중에도 부르짖어 기도했다. 가족들은 울며 가슴 아파했고, 교회도 모두 안타까워하며 기도했다. 하지만 그녀는 회복하지 못하고 하늘나라로 가고 말았다.

착하고 곱던 그녀는 하늘의 금마차를 타고 갔으리라. 육신의 눈으로 볼 수 없으니, 누가 하늘의 황금마차를 볼 수 있는가!

"끝까지 견디는 자는 구원을 얻으리라(마 10:22, 막 13:13)."

"여호와께서 회오리바람으로 엘리야를 하늘로 올리고자 하실 때에, 엘리야가 엘리사와 더불어…두 사람이 길을 가며 말하더니 불수레와 불 말들이 두 사람을 갈라놓고 엘리야가 회오리바람으로 하늘로 올라가더라(왕하 2:1-11)."

코로나 19의 기억과 상념
(기록하지 않으면 기억하지 않는다)[34]

 2020년 11월 1일 일요일 아침 나에게 한 통의 문자와 전화가 왔다. 코로나19[35] 확진자와 동선이 겹쳐졌으니 가까운 보건소에 가서 검사를 받으라는 통보였다. 사흘 전 인천의 한 모임에서 문제가 생긴 것이다.
 "오늘 오후 6시까지 검사받아야 하고, 대중교통을 이용하면 안 되고 걷거나 자가운전을 해서 와야 하며 오는 도중에 누구와도 접촉하면 안 됩니다." 말하면서 주의를 당부했다.
 우리나라에 코로나19 첫 확진자[36]가 생긴 이후, 인천은 9개 도와 6개 광역시 중에 제주도 다음으로 발생 건수가 적었다. 특히 하늘로 이어지는 국제 항공 터미널과 바다로 이어지는 국제 여객 터미널이 있어 세계 사람들이 드나드는 곳인데도 확진자 수가 적었던 것은 방역 수칙을 철저히 지켰기 때문이었다.

---

34) "기록하지 않으면 존재하지 않는다." 이 말은 한양대학교 법학전문대학원 인권법 교수 박찬운이 쓴 책(2023. 혜움터) 제목이다. 저자는 인권위 상임위원의 공직자로 3년의 기록을 이 책에 담아서 기록의 중요성을 보여주고 있다. 예로부터 인간은 돌이나 바위, 동굴이나 벽에 그림을 그리고 양피지(가죽), 파피루스, 죽간(竹簡), 목독(木牘)에 글을 쓰고 표시하여 끊임없이 기록하여 왔다. 그들이 남긴 수많은 기록들이 지금 우리가 그들과 그 시대를 알고 이해할 수 있는 유일한 방편인 것이다.

35) 코로나 19는 2019년 11월 17일 중국 후베이성 우한시에서 최초로 발생했다. 다만, 미국 하버드대학교 의과대학 연구진이 우한의 병원 주차장을 촬영한 위성사진과 인터넷 검색을 분석해 8월 말에도 감염이 있었다는 연구를 발표하는 등 최초 발생 시점에 대한 연구와 논란은 계속되고 있다.

36) 우리나라 첫 확진자는 2020년 1월 19일 인천공항 검역에서 중국인 한명이 판정을 받고 거의 한 달이 지난 2월 18일에 31번 확진자가 나오면서 전국 곳곳으로 번져나갔다.

인천공항 가까이에 있는 그 마을은 산과 바다의 경관이 좋은 해안과 해수욕장이 있는 섬마을로, 몇 전만 해도 연안부두에서 여객선으로 거의 빠르면 50여 분 늦으면 1시간이 넘는 거리였는데 다리가 놓이면서(2019. 4. 임시, 2020. 5. 개통) 승용차로 자유롭게 다닐 수 있어 관광객이 많이 늘었지만, 방역 수칙을 잘 준수하여 여태껏 아무 이상이 없었다. 그동안 마을에 회의도 여러 차례 했었다. 7~10명 소모임뿐만 아니라, 5월과 6월에 50인, 9월에 70인 모임에도 아무런 문제가 없었다. 그러다가 10월 말에 결산 총회를 하고 오찬이 있었는데 그만 문제가 생기고 말았다.

이 감염은 지난 10월 셋째 주말에 휴가를 온 두 가족이 해변에 펜션을 얻어 며칠을 묵고 갔는데 가족 모두가 감염자로 밝혀진 것이다. 이들과 접촉한 사람은 많았다. 사무실 근무자, 펜션 안내인, 방갈로, 카라반 관리자, 편의점 근무자, 식당, 노래방, 주점, 카페와 오찬에 참석한 사람들 그리고 이들과 접촉한 모든 사람은 검사 대상이 되었다.

"아, 재앙이 우리를 덮었고 고난이 우리에게 임하는구나!"

해수욕장은 폐쇄되었고 상가는 문을 닫았다. 해변을 내려다보며 짜릿하게 즐기는 공중 질주의 시스카이월드 짚라인도 멈추었다. 상가 직원들, 거래처 사람들, 치안센터 공무원 그리고 마을 사람 수백 명이 검사를 받고 격리되었다. 경제적 손실은 이루 말할 수 없었고 정신적 물질적 피해가 이만저만이 아니었다.

검사를 받겠다고 말하고 오후 4시가 되어서 가까운 보건소로 향했다. 거리에 오가는 사람들, 차를 탄 사람들, 건물 안에 있는 사람들조차도 모두 마스크를 쓰고 감염될까 봐 조심하고 있었다.

남동구보건소 정문 유리에는 바이러스 감염예방에 대한 주의 사항과 보건소 비상 업무 안내에 대한 종이가 붙어 있었고, 출입구에는 멀리서도 볼 수 있도록 큰 글씨로 "선별진료소"라 쓰여 있는 붉은색 화살표가 보였다. 나는 그 화살표를 따라갔다. 건물 모퉁이까지 가니 똑같은 화살표가 있는데 선별진료소는 보이지 않았다.

"이상하다. 분명히 이쪽으로 표시되어 있는데…."

건물 뒤에도 없었다. 누구에게 물어봐야겠는데 근처에는 아무도 없었다. 코로나 때문에 사람들이 거의 다니지 않아 주위는 조용하기만 했다. 두리번거리며 찾고 있는데 주차장 갓길로 두터운 마스크로 무장한 한 젊은 아주머니가 지나가고 있었다.

"저, 여기 선별진료소가 어디 있나요?"

나의 물음에 그녀는 멈칫 놀라며 한걸음 뒤로 물러서며 구석진 곳을 가리켰다.

"저기, 저쪽에요."

선별진료소는 보건소 본 건물과 거리를 두고 컨테이너를 임시로 지은 것으로 나무가 우거진 구석에 있었다. 그래서 쉽게 찾지 못했던 것이다.

"아, 저 건물이요. 감사합니다."

그녀의 눈길에 조심스러운 모습이 역력했다. 고개를 끄덕하고는 나를 피하듯 빠른 걸음으로 길을 갔다. 나도 모르고 너도 모르고 누가 감염자인지 알 수 없으니 서로가 조심하지 않을 수 없었다.

선별진료소는 코로나19의 전파력이 너무 강해서 당국이 안전한 검사 대안으로, 검사받을 사람이 보건소 본 건물 안으로 들어오지 않고 신속히 검사할 수 있도록 바깥에 임시로 설치한 특별검사소다. 거기는 여러 개의 작은 방이 만들어져 있었다. 검사받는 사람들이 많을 경우 대기자의 시간을 줄이기 위한 방편이었다.

건물은 단풍으로 곱게 물든 나무에 둘러싸여 있었고 여린 잎들은 어느새 낙엽이 되어 하나둘 정든 가지를 떠나고 있었다. 코로나19는 울긋불긋 아름답고 고운 단풍을 즐기는 틈도 주지 않고 가을을 넘어 일찌감치 겨울을 향해 달음질하고 있었다.

지난봄도 그러했고 시원한 여름 바다도 마음껏 즐기지 못했고, 단풍이 곱게 물든 계절이 왔건만 친구도 형제도 친척도 마음대로 만나지 못하고 온통 바이러스에 신경 쓰느라 조심하고 경계하며 코로나19와 전쟁을 치르는 이 난리 통에, 오상고절 국화의 아름다움도 느낄 새 없이 세월은 이렇게 마냥 지나가고 있다. 그야말로 무소식이 희소식(No news is good news)이 되고, 시간은 돈이라(Time is money)는 말이 무색하게 지금은 고난의 시간이요 재난의 시대이다.

무심한 세월은 덧없이 흐르는데 이 어렵고 힘든 시간 속에서도 아이는 자라고, 소년은 배움에 힘쓰고, 청년은 미래를 설계하며 열심히 살고 있다. 이 환란의 때, 이 재난의 시대에 어떻게 해야 먼 훗날 지혜롭고 현명하게 살아왔다는 자부심을 가지게 될 것인가? "그런즉 너희가 어떻게 행할지를 자세히 주의하여 지혜 없는 자 같이하지 말고 오직 지혜 있는 자 같이하여, 세월을 아끼라 때가 악하니라(엡 5:15-16)."

늦은 시간이어서 그런지 검사받는 사람은 혼자였다. 나는 1번 방 문을 열고 안으로 들어갔다. 선별진료소의 작은 방은 간호사와 검사를 받는 사람이 서로 접촉하지 않도록 유리 칸막이로 막아 놓았고, 한 개의 의자 앞에 팔 길이만 한 두 개의 두터운 붙박이 고무장갑이 밖으로 툭 튀어 나와 있었다. 검사하는 사람이 그 고무장갑을 끼고 검사받는 사람에게 사물을 전달하고 면봉으로 입과 코에 진액을 묻혀 검사소로 보내는 것이다. 실내의 공기를 완전히 차단시켜 비말로 전파되는 감염을 막기 위한 대책이었다.

간호사가 유리 칸막이 안에서 나를 보고 바깥으로 연결된 스피커를 통해 말했다.

"어떻게 오셨습니까?"

나는 비치된 소독제를 눌러 손을 비비고 나서 폰을 열어 유리 너머에 있는 간호사에게 보여주며 말했다.

"네, 검사받으라는 연락이 왔어요."

"아, 중구보건소. 하나개해수욕장 맞죠?"

간호사는 미소의 눈빛으로 다 알고 있다는 표정을 지으며 말했다. 시 전역에 비상 연락망으로 이미 전달되어 있었다. 우리 번영회원의 대다수는 고향 중구 무의동에 거주하고 있었고 몇몇만 서울, 경기도에 살고 있는데, 나는 간석동에 거주하고 있어서 가까운 남동구보건소로 갔던 것이다.

"네, 그런데요, 회의할 때 모두 마스크를 썼고 방역 수칙도 잘 지켰는데요?"

나는 아무 탈 없다는 표정을 지으며 한껏 소리를 높여 말했다. 그러자 그녀는 머리를 살래살래 흔들며 더 큰 소리로 말했다.

"그래요, 하지만 회의 후에 식사는 같이 하셨잖아요? 검사받으셔야 합니다!"

"아, 네."

이것은 법으로 정한 것이요 정부 시책이다. 어기면 강제로 이행케 하고 법에 따라 대가를 치르거나 벌을 받아야 한다. 서울에 어떤 확진자는 격리 장소를 이탈하여 도망 다니다가 경찰이 잡아 가두기도 했다. 얼마나 답답했으면 그랬을까? 하지만 지키지 않으면 많은 사람들이 피해를 본다. 신문 방송에서는 시시각각으로 확진자와 사망자의 숫자를 알리고 있었다.

먼저 주민등록증으로 신원을 확인하고 몇 가지 질문이 있었다. 특히 기저 질환에 대한 질문이었다.

"고혈압이나 당뇨가 있습니까?"

"당뇨는 없고 고혈압 약을 먹고 있습니다."

고혈압 외에 다른 이야기는 하지 않았다. 이야기한들 무슨 소용이 있으며 누가 알아주기나 하겠는가! 나는 감염에 취약한 자요 기저질환자로 분류된다. 만 67세의 나이의 고령에 고혈압 환자요 무엇보다도 치료 중인 암 환자다. 3년 전 오른쪽 하복부에 통증이 심하여 검사한 결과 대장암 3기로 진단을 받았고 수술하여 상행결장 47cm를 잘라내었다. 대장의 길이가 보통 1m 50cm이니 1/3은 잘라 낸 셈이다. 그 귀한 장기를 내가 관리를 잘못하여 자르게 되었으니, 부모님께 불효하고 하나님께 송구하고 형제자매들에게 부끄럽기까지 했는데, 그나마 덜 미안스럽게도 병원에서 그 장기를 교수님 연구 재료로 쓰신다 하기에 수술 전 장기 기증서에 바로 서명하였다.

수술 후 참고 견디기 어려웠던 통증, 항암 치료 횟수가 더해질수록 몸과 마음이 쇠약해지는 피 말리는 고통, 그 고난의 세월을 어찌 다 말로 표현할 수 있으랴! 프랑스의 노벨 문학상을 수상한 앙드레 지드는 그의 작품에서 말했다.

"욥의 고난을 생각하라."

"사탄이 이에 여호와 앞에서 물러가서 욥을 쳐서 그의 발바닥에서 정수리까지 종기가 나게 한지라. 욥이 재 가운데 앉아서 질그릇 조각을 가져다가 몸을 긁고 있더니(욥기 2:7~8)."

욥과 같은 고난을 받은 자가 누구인가? 인류 역사상 솔로몬의 지혜가 전무후무(前無後無)하다고 하는데, 욥의 고난이야말로 전무후무하다 할 수 있다. 욥은 동방의 의인이었다(욥 1~2장). 그는 큰 부자였고 누구나 부러워할 정도로 행복한 가정을 이루며 즐겁게 살았다. 그러나 순식간에 그 모든 것을 다 잃었을 뿐만 아니라 홀로 남은 몸마저 만신창이가 되었다. 그래도 욥은 그 현실을 받아들이고, 믿음으로 인내하여 견디어 결국 승리하였다. "욥의 인내를 생각하라!"

"이 모든 일에 욥이 범죄하지 아니하고 하나님을 향하여 원망하지 아니하니라(욥기 1:22)."

암은 몇십 년 전까지만 해도 죽음에 이르는 불치의 병이었다. 누구나 걸릴까 두려워하는, 그러나 아무나 걸리지 않는 이 무서운 질병이 21세기에 현대의학의 발달로 점점 극복되고 있다. 감사해야 할 일이다. 인류를 위해 공헌한 과학자들과 의료진들, 그리고 무엇보다도 우리 인간에게 뛰어난 두뇌와 창의력, 그리고 이런 재능과 지혜를 주신 하나님께. 우리 인간은 하나님의 형상을 닮아 뛰어난 창조성을 지니고 있다(창 1:27).

예로부터 사람들은 인간을 소우주라고 했다. 저 거대한 우주가 신비롭고 기이하듯 우리 인간 한 사람 한 사람 모두가 다 신비롭고 기이하다는 의미이다. 그야말로 신묘막측神妙莫測하기 그지없다(시 139:14). 진실로 이 기이한 사실들은, 영과 육에 관한 인간의 이 신비한 실체를 과학으로 증명하고 있으며 많은 사람들이 연구하고 또 글로 표현하고 있다.

암 제거 수술 후 임파선으로 전이가 되어 항암 치료도 하였다. 12차로 작정하였는데, 9차를 하고 약의 독성 축적에 체력이 고갈되고 면역력이 너무 낮아 도저히 진행할 수 없어 중도에 멈출 수밖에 없었다.

10차 항암 치료를 위해 입원을 했는데, 그 이튿날 아침 회진 때 담당 교수가 나를 빤히 바라보더니,

"늘 잘 해 왔는데 왜 이러지?"

그리고 뒤따르는 20십여 명의 제자들을 돌아보고 말했다.

"면역력이 너무 낮아, 이제 그만하자."

더 이상 하다가는 남아 있는 체력마저 소진되어 위험에 빠질 수 있으니 이만큼 했으면 되겠다는 담당 교수님의 판단이었다. 면역력은 혈액 속의 백혈구 수치로 알 수 있다. 일반적으로 보통 사람의 백혈구 수가 1마이크로리터에 4000~10000개가 정상 수치인데, 이보다 낮아도 안 되지만 높아도 문제가 된다.

10차 항암 치료하기 전 혈액 검사에서 정상 수치보다 너무 낮아진 것이다. 항암제 독성으로 인한 부작용이었다. 이런 부작용은 이미 9차에서 시작되었다. 9차 항암 치료를 위해 입원하여 피 검사를 했는데 백혈구 수치가 1250이 나왔다. 이 수치로는 항암 주사를 맞을 수가 없다. 약의 독성을 감당해 낼 수 없는 것이다. 그래서 치료를 계속하기 위해 백혈구 수치를

높이는 주사를 맞아야 했다. 담당 간호사가 말했다.

"이 약은 골수를 자극해서 백혈구 수치를 높이는 약이기 때문에 오한과 통증이 있을 수 있으니 많이 아프면 말씀하세요."

"네, 알겠습니다. 통증은 얼마나 심한가요?"

"사람에 따라 다른데, 심하게 느끼는 분이 가끔 있어요."

다행히 통증은 없었고 아무 이상 없이 밤에 잠도 잘 잤다. 많이 아플 수도 있다고 했는데 아무렇지도 않으니 "그 주사 별것 아니네." 하며 담당 간호사에게 말했다.

"많이 아플 수 있다 했는데 아무렇지도 않았어요."

"심한 통증을 호소하는 사람도 있는데 다행이네요."

간호사는 웃으며 말했다. 정말 다행히 수치가 5700까지 올라 무사히 치료를 마치고 퇴원할 수 있었다. 그렇게 2주가 지나서 10차 항암 치료를 위해 피 검사를 했는데 200 이하로 떨어졌다. 세균으로부터 감염되기가 아주 높은 위험한 수치였다. 담당 간호사가 마스크를 들고 와서 나에게 말했다.

"무슨 일이 있었기에 이렇게까지 되었나요? 매우 위험하니 마스크를 쓰고 편안한 마음으로 누워 쉬시고 밖으로 다니지 마세요."

주의를 당부하고 "감염 주의" 팻말을 침대에 걸어두고 병실을 나갔다. 아무리 생각해도 내가 무엇을 잘못했는지 알 수가 없었다. 늘 그래왔듯이 밥 잘 먹고, 병원에서 지시하는 주의 사항을 잘 지키며 관리했는데 왜 이렇게 되었는지 알 수 없을 뿐 아니라, 이러한 사실을 몸으로도 느끼지 못하고 있다는 것이 기막힐 노릇이다. 겉으로는 아무 이상이 없는데 백혈구 수치가 위험수위까지 낮아져 있다는 것은 참으로 기가 막혀 팔짝 뛸 노릇이었다. 얼마의 시간이 지나 담당 레지던트가 와서 다그치듯 물었다.

"버섯 먹었어요?"

나도 당당하게 맞받아쳤다.

"아니, 그런 것 안 먹습니다."

병원에서 치료받고 있는 환우들 가운데 버섯이 좋다는 이야기를 했다. 특히 상황버섯과 차가버섯 가루를 물에 타서 먹고 있다는 사람도 있었다. 하지만 몇 년 전 제주도 여행을 가서 입담 좋은 사람의 선전에 혹하여 상황버섯 가루를 한 상자 사 먹었는데, 그렇게 좋다면 지금 내가 왜 암에 걸렸는가? 다 소용없는 헛된 일이다. 담당 레지던트는 또 무슨 음식을 먹었는지. 암 치료에 좋다고 특별히 어떤 약 같은 것은 먹지 않았는지 물었다.

"몸에 또 다른 이상은 없습니까?"

"네, 뭐 특별히 별다른 증상은 없습니다."

나는 지금까지 병원에서 주는 약 외에 다른 약은 먹지 않았고, 별다른 음식도 먹지 않았다. 그냥 삼시 세끼 식사를 잘 챙겨 먹었다. 워낙 무슨 음식이든 가리지 않고 잘 먹어서 늘 건강하게 살아왔다. 그런데 왜 암에 걸렸는가?

"하나님, 너무하십니다. 어찌 이럴 수 있습니까? 제가 무슨 잘못을 하였나요?" 하며 반문하다가도 "그렇지, 이 죄 많은 세상에 사는 내가 어찌 피할 수 있으랴. 생각해 보면 잘못한 것이 셀 수 없을 만큼 억수로 많구나!"

그렇다, 이 사실을 받아들일 수밖에 없지 않은가. 받아들이지 않는다면 어떻게 할 것인가? 불평, 불만, 원망, 탄식으로 나만 괴로울 뿐이다. 회개하고 이 현실을 받아들이는 것이 현명하다. "주께서 나를 병상에 던지셨도다. 그래도 불쌍히 여기사 회복해 주실 것을 믿으며 기도하리로다."

"하나님이여, 내 속에 정한 마음을 창조하시고 내 안에 정직한 영을 새롭게 하소서. 나를 주 앞에서 쫓아내지 마시며 주의 성령을 내게서 거두지 마소서. 주의 구원의 즐거움을 내게 회복시켜 주시고 자원하는 심령을 주사 나를 붙드소서(시 51:10~12)."

암 진단을 받고 나서 담당 의사는 나에게 어떤 일을 하고 있는지, 무슨 음식을 즐겨 먹었는지, 가족 중 부모 형제와 친가, 외가에 암 환자나 특별한 질환자가 있는지 물었다. 생활 습관과 유전적 요인에 대한 조사였다. 이 조사 과정에서 내가 암에 걸릴 확률이 높게 측정되었다. 그렇지만 암은 누구나 그렇게 쉽게 걸리지 않는다. 알 수는 없으나 어떤 사람에게 특별히 생기는 질환으로 보인다. 그렇다면, 그 특별한 사람이 왜 하필 나란 말인가!

"Why me?"

"Why not?"[37]

이렇게 긍정과 부정을 반복하며 한탄한들 나에게 무슨 유익이 있겠는가. 근심, 격정, 염려는 아무 의미도 없는 시간 낭비요 에너지 소모일 뿐

---

37) Why me? Why not?(왜 나입니까? 왜 넌 안 되지?) 이 말은 미국 46대 대통령 조 바이든의 대통령 집무실 책상 위에 놓여 있는 만화 액자 속에 있는 글이다. 그 만화 제목은 "공포의 해이가르"로 미국의 유명 작가 '딕 브라운'이 그린 작품이다. 거칠지만 가정적인 성격인 붉은 수염의 바이킹 해이가르가 어느 날 자신이 탄 배가 벼락에 맞아 좌초되자 하나님을 원망하며 외쳤다. "왜 하필 저입니까?" 그러자 하나님이 그에게 되물었다. "왜, 넌 안 되는데?" 이렇듯 예상치 못한 불행은 누구에게나 올 수 있고 받아들여야 한다는 교훈이다. 이 액자는 바이든이 29세의 나이로 상원의원에 당선된 그해 크리스마스 때 교통사고로 아내 닐리아와 장녀 나오미를 잃고 두 아들마저 크게 다쳐 하나님을 원망하며 큰 슬픔에 잠겼을 때, 아버지 조셉 바이든이 아들을 위로하면서 건넨 것이다. 바이든은 이 만화를 통해 불행은 누구에게나 닥칠 수 있다는 것을 깨닫고 누구도 원망하지 않았다고 한다.

이다. 주여, 나를 불쌍히 여기소서. 긍휼히 여기소서. 주를 의지하는 마음 변치 않게 하소서.

"하나님께서 구하시는 제사는 상한 심령이라. 하나님이여, 상하고 통회하는 마음을 주께서 멸시하지 아니하시리이다(시 51:17)."

200 이하로 떨어진 수치를 올리기 위해 9차 때와 같이 주사를 맞아야 했다. 이번에도 담당 간호사가 말했다.
"이 약은 골수를 자극해서 백혈구 수치를 높이는 약이기 때문에 오한과 통증이 있을 수 있으니 많이 아프면 말씀하세요."
"네, 지난번 9차 때와 같은 약인가요?"
"그래요. 같은 약입니다."
"지난번에 아무 이상이 없었어요." 나는 대수롭지 않게 여기며 별것 아닌 듯 말했다.
"그랬어요? 그랬다면 정말 다행이네요." 간호사는 웃으며 나갔다.
그런데 몸이 약해져서 그런지 이번은 전과 달랐다. 30~40분이 지나서 식은땀이 흐르기 시작하더니 온몸이 몽둥이로 얻어맞은 듯 쑤시고 아파 왔다. 간호사에게 통증이 심하다 말하고 진통제를 좀 맞을까 생각하다가 참고 견디기로 했다.
항암 치료는 환자에 따라 다르겠지만, 기본이 6개월 동안 12차이다. 나와 같이 입원한 환우 중에는 12차를 3번, 36차나 하고도 견뎌 낸 사람도 있다. 그런데 나는 겨우 9차에서 이렇게 되다니 한심스러운 일이다. 그렇게 뭐든 잘 먹어서 힘도 세고 운동도 잘하여 건강하던 내가 이 지경이 되었으니, 몸과 마음에 힘이 빠지고 한숨이 절로 나왔다.

　통증으로 인하여, 잠을 자려고 누웠지만 쉽게 잠은 들지 않았고 어쩌다 잠깐 잠이 들었다가도 금방 깨어나 뒤척이기를 반복하였다. 그렇게 온 밤을 보내다가 다행히 아침이 되어 통증이 좀 가라앉아 간밤에 자지 못한 잠을 조금은 보충할 수 있었다. 잠은 빚쟁이다. 수면의학계에서는 이를 수면부채(睡眠負債, Sleep debt)라 한다. 모자라면 반드시, 많으면 많이 적으면 적게 갚아야 하는데 갚지 않으면 몸으로 그 대가를 치러야 한다.

　오전 11시 검사 결과도 900이 조금 넘었지만 아직도 어림없는 수치였다. 그래서 담당 의사가 갑작스런 결단을 내렸던 것이다. 사실 나는 항암 치료를 12차 이상하고 싶었다. 내 몸에 잔재해 있는 암세포를 모두 몰아내고 싶었다. 그 나쁜 것이 남아 있어 또 다른 곳에 암이 발생한다면 절대 안 된다는 생각에, 기본으로 하는 12차뿐 아니라 그보다 더 해야 한다면 그렇게라도 해서 말끔히 몰아내 버리고 싶었다. 그러나 그것은 내 뜻대로 되지 않았다.

　이렇게 치료가 끝나도 되는가? 남아 있는 암세포는 없는가? 나도 모르고 의사도 모르고 아무도 알 수 없고 오직 하나님만 아신다. 그러니 어떻게 하겠는가. 오직 믿음으로 기도할 수밖에 없다.

　담당 의사와 의료진들이 모두 나가고 침상에 홀로 앉아 "하나님의 뜻이라면 감사할 일이다. 이왕 이렇게 되었으니 빨리 퇴원이나 해야지."하고 간호사를 찾아갔다. 이제 모든 치료가 끝났으니 바로 집으로 가게 될 줄 알았다. 하지만 그렇게 되지 않았다.

　"퇴원하지 못합니다. 백혈구 수치가 정상으로 회복되기 전까지는 밖으로 나가지 못합니다. 마스크를 계속 쓰고 계셔요. 그리고 오후 5시쯤에 레우코스팀(Leucostim Prefilled Syringe) 주사를 한 번 더 맞아야 하고요. 더 지켜봐야 합니다. 내일 퇴원도 장담 못 합니다. 그리고 될 수 있으면 나다니지 마시고 안정을 취하고 누워 쉬셔야 합니다."

'아, 그렇구나. 내 몸이 방어 능력이 약해졌으니 건강한 사람처럼 그렇게 함부로 행동하면 안 되는구나.'

그랬다. 항암 치료를 하는 동안 음식도 마음대로 먹지 못했다. 감염 위험이 있어 늘 조심해야 했다. 이런 제한이 나를 억누르고 있었다. 항암 부작용은 몸 여러 곳에서 나타났다. 횟수가 거듭될수록 머리털이 빠지고 피부 가려움증과 손발 저림증, 매슥거림으로 속이 울렁거리고 구토 현상이 일어났다. 건강할 때는 길거리의 음식 냄새 튀김 냄새가 구수하고 향긋했는데, 그 냄새에 토할 것만 같으니 한심스러운 노릇이다. 그나마 다행스럽게도 입맛 없는 증상은 그렇게 심하지 않았다. 평소에 무엇이든 잘 먹는 습관이 몸에 배여서일 것이다.

국가에서 노인으로 인정하는 65세가 된 나이에 병이 났지만 암이 걸리기 전까지는 청년과 같이 활발하게 뛰어다녔다. 운동도 잘 했다. 젊을 때 다져놓은 실력이 있었다. 단거리, 장거리 달리기, 등산, 수영, 줄넘기, 배드민턴, 테니스, 탁구, 권투 등 잘 하지는 못했지만 안 해 본 것이 거의 없었다. 그런데 이제는 병이 들어 그렇게 하지 못하고 있다.

'완쾌되면 이전처럼 그렇게 뛰어다니며 활동할 수 있을까?'

나약해진 이 몸은 의욕조차 없어지고 되돌아갈 수 없다는 생각에 슬픔이 복받쳐 오른다. 내가 겪어 본 바에 의하면 사람은 나이가 많아 늙는 것이 아니라 질병에 의하여 늙는다. 물론 모든 인간은 하늘이 정한 천수(天壽)가 있지만, 죽기까지 "구구팔팔이삼사"하며 사명을 잘 감당하고 즐겁게 살 수 있는 방법은 몸 관리를 잘 하여 병에 걸리지 않는 것이다.

모세의 유일한 시 한 편이 구약성경에 기록되어 있다. 시편 90편은 그의 기도시다.

"우리의 연수가 칠십이요 강건하면 팔십이라도 그 연수의 자랑은 수고와 슬픔뿐이요 신속히 가니 우리가 날아가나이다(시 90:10)."

그 당시 인간의 수명이 70~80이었으나 모세는 120세를 살았다. 모세가 죽을 때 나이 백이십 세였으나 그의 눈이 흐리지 아니하였고 기력이 쇠하지 아니하였다(신 34:7). 또, 출애굽한 이스라엘 백성 중에 가나안에 입성할 수 있었던 두 사람 중 한 사람인 갈렙은 85세의 나이에도 이같이 말했다.

"모세가 나를 보내던 날과 같이 오늘도 내가 여전히 강건하니 내 힘이 그때나 지금이나 같아서…이 산지를 지금 내게 주소서…(수 14:11-12)."

또, 유다의 13대 왕 히스기야(BC. 728~687)가 병이 들어 죽게 되었을 때 눈물로 기도하였더니 하나님은 그의 수명을 15년이나 더하셨다(왕하 20:6). 믿음의 기도는 능력이 있다.

"믿음의 기도는 병든 자를 구원하리니 주께서 그를 일으키시리라. 혹시 죄를 범하였을지라도 사하심을 받으리라(약 5:15)."

이 말씀에 의하면 하나님이 사명을 잘 감당할 수 있도록 수명을 연장해 주시고, 기도하고 순종하는 자에게 건강을 허락해 주신다는 것을 알 수 있다.

"자녀들아 주 안에서 너희 부모에게 순종하라 이것이 옳으니라. 네 아버지와 어머니를 공경하라 이것은 약속이 있는 첫 계명이니, 이로써 네가 잘되고 땅에서 장수하리라(렙 6:1-3)." 하나님은 사명을 잘 감당할 수 있도록 수명을 연장해 주시고, 기도하는 자에게 건강을 허락해 주신다.

"사명이 있는 자는 그 사명을 다할 때까지 결코 죽지 않는다."
- 리빙스턴(David Livingstone 1813~1873).

아프리카 선교사 리빙스턴이 밀림을 걸어갈 때 맹수에게 공격을 당하여 죽음의 위기에서 살아났다. 그때 옆에 있던 사람이 말했다.
"선생님, 돌아가시는 줄 알았죠?"
리빙스턴은 고개를 저으며 담담히 말했다.
"그러나 사명이 있는 자는 그것이 끝나기 전에는 결코 죽지 않는다."
이 세상에 사명이 없는 사람은 한 사람도 없다. 모두에게 맡겨진 일들이 있다. 그렇다면 모두가 리빙스턴의 말처럼 그렇게 되는가? 그렇지는 않은 것 같다. 믿음을 가지고 기도하며 그 사명을 감당하고자 할 때 하나님께서 도우실 것이다. 믿음의 사람은 하나님이 부여하신 사명의 중요함을 깨닫고 기도하며 노력하고 인내하며 기다리는 것이다.
사명은 신앙인이 아니어도 이 세상에 태어난 모든 사람이 부여받았다.

이것이 각자에게 맡겨진 달란트[38]이다(마 25:14-). 그러므로 사명의 중요함을 깨닫고 그 사명을 다할 때까지 힘써 일해야 할 것이다(창 1:28, 마 25:14~30, 28:18~20).

나는 그래도 입원한 환자들 중 좀 나은 편에 속했다. 나보다 젊은 사람도 많았고 천진난만한 꼬마 아이도 있었다. 초기의 가벼운 환자도 있었지만, 말기로 진단받은 환자 중에는 언제 어떻게 될지 모르는 사람도 있었다. 암 병동… 얼마나 많은 사람들이 고통 중에 힘겨운 싸움을 하고 있는가! 오늘 웃으며 이야기를 나누던 사람이 다음날 중환자실로 옮겨져서 다시는 돌아오지 못하고, 며칠이 지나서 세상을 떠났다는 안타까운 소식이 전해지기도 했다.

암 병실의 불은 밝게 켜져 있지만, 환자와 그 가족들의 가슴에는 늘 우울한 그림자가 드리워져 있다. 암은 젊음의 활기도 앗아가고 천진난만한 어린아이의 웃음도 훔쳐 간다. 환자는 물론이거니와 가족들 모두 슬퍼하며 근심하는 가운데 한 가닥의 희망을 품고 회복되기만을 모두가 간절히 기도하고 있다.

항암 치료를 하면서 즐겨 불렀던 찬송이 있다. 찬송가 89장, 특히 3절을 부르며 기도했다.

"샤론의 꽃 예수 모든 질병을 한이 없는 능력으로 고치사, 고통받으며

---

38) 달란트(talent)는 고대 서아시아의 나라들 헬라, 로마제국의 화폐의 단위로 쓰였다. 출 25:39에 기록된 달란트는 히브리어 순(tahor) 금(zahav) 한 덩이(a talent of pure gold)로 화폐 중 가장 높은 단위이며, 마 25:15의 헬라어 탈란톤(talanton)도 같은 가치로 쓰였다. 이를 영어로 번역한 탤런트(talent)는 화폐 단위에서 더 넓은 개념으로 확대되어, 사람의 타고난 재능과 소명을 비유적으로 이르는 말이 되었다. 따라서 재능, 재주, 솜씨가 뛰어난 유명한 사람을 탤런트(talent)라 부르게 되었다.

근심하는 자에게 크신 힘과 소망 내려 주소서. 예수 샤론의 꽃 나의 맘에 사랑으로 피소서." 새 찬송가 해설을 편집한 작성자 한 분은 하나님의 사람 이름으로 아름다운 글을 실었다.

"샤론의 꽃은 거룩하고 아름답게 핀다. 우리의 삶에 한결같은 사랑이 가득하게 한다. 질병과 고통과 근심 대신 힘과 소망이 있게 하는 꽃이다. 이 꽃을 우리 마음에 길이 피어나게 하자! 예수님은 우리 마음에 피어 있는 샤론의 수선화이며 골짜기의 백합화다. 참사랑의 향기로 가득함은 생명의 꽃이 되신 예수님이 계시기 때문이다. 사랑이 없어 고통하고 있는 이 세대에 우리는 가는 곳마다 예수님의 사랑 향기를 전해야 하리라."

이스라엘 지중해 연안 북쪽 갈멜산 아래, 다볼산과 길보아산에서 발원하여 흐르는 기손강의 이스르엘 평야가 있고, 남쪽에는 아스돗과 가자지구가 있는 블레셋 평야가 있다. 샤론은 이스라엘 서쪽 지중해 연안의 이스르엘 평야와 블레셋 평야 사이에 길게 펼쳐진 평원을 말한다. 북쪽의 갈멜산에서 남쪽의 욥바에 이르기까지 남북으로 약 80km, 동서로 약 10~19km의 넓은 평야다. 지중해를 따라 펼쳐진 아름답고 비옥한 이 지역은 다양한 풀과 들꽃 그리고 나무가 잘 자라며, 특히 목축지로 유명하다.

구약성경 이사야 35장 2절과 65장 10절에 샤론은 택한 백성이 누릴 축복과 구원의 아름다움을 묘사하고 있다.

"광야와 메마른 땅이 기뻐하며 사막이 백합화같이 피어 즐거워하며, 무성하게 피어 기쁜 노래로 즐거워하며, 레바논의 영광과 갈멜과 샤론의 아름다움을 얻을 것이라. 그것들이 여호와의 영광 곧 우리 하나님의 아름다움을 보리로다(사 35:1~2)."

"샤론은 양 떼의 우리가 되겠고 아골 골짜기는 소 떼가 눕는 곳이 되어 나를 찾은 내 백성의 소유가 되려니와, 오직 나 여호와를 버리며 나의 성산을 잊고 우상을 섬기는 너희여, 내가 너희를 칼에 붙일 것인즉 다 구푸리고 죽임을 당하리니 이는…내가 즐겨하지 아니하는 일을 택하였음이니라(사 65:10~12)."

샤론의 꽃은 영어 성경에 장미로 번역되고 있는데, 미국에서는 우리나라 국화 무궁화를 샤론의 장미(Rose of Sharon)라 한다. 무궁화는 180종이 넘는 쌍떡잎식물 아욱과 낙엽관목으로 매우 다채롭다. 빼어나게 아름다운 꽃이 있는가 하면 수수한 아름다움을 지닌 꽃도 있다. 어린 꽃잎은 먹기도 하고 잎은 말려서 약으로도 쓴다.

샤론의 꽃 무궁화를 왜 우리나라 꽃이라 했을까? 예로부터 우리나라를 근역(槿域 무궁화 지역)이라 불렸다. 중국에서 가장 오래된 지리서 〈산해경(山海經)〉에는 근화지향(槿花之鄕)이라 했고, 신라는 스스로를 무궁화의 땅(槿花鄕)이라 했다.

무궁화는 7월 초순에서 10월 중순까지 매일 꽃이 피고, 큰 나무 한 그루에 보통 2천~3천여 송이가 핀다. 또한 옮겨 심거나 꺾꽂이를 해도 잘 자라고 공해에도 강한 특성을 지니고 있어 민족의 근면과 끈기를 잘 나타내 준다. 이런 관점에서 자연스럽게 무궁화는 우리나라 꽃으로 자리 잡게 되었다.

그런데 아가 2장 1절에는 히브리어 하바첼렛(chabatstseleth)을 수선화로, 이사야 35장 1절에는 백합화로, NIV와 NASB는 크로커스(crocus)로 번역하였다. 크로커스는 사프란(saffron)을 말한다. 붓꽃의 일종이며 장홍화(藏紅花)로 우리 성경 아가 4장 14절에 번홍화(番紅花)로 번역하였다. 사프란은 세계에서 가장 귀하고 비싼 향신료다. 최근까지도 금과 대등하게 가격이 매겨졌다. 무궁화와 사프란의 특성과 아름다움은 꽃으로써 최고의 가치를 지닌다. 이와 같이 샤론의 꽃 예수는 인류를 구원하기 위해 가장 소중하고도 귀한 값을 지불하셨고, 택한 백성들에게 영원한 복을 주신 것이다.

> "그러나 너희는 택하신 족속이요 왕 같은 제사장들이요 거룩한 나라요 그의 소유가 된 백성이니 이는 너희를 어두운 데서 불러내어 그의 기이한 빛에 들어가게 하신 이의 아름다운 덕을 선포하게 하려 하심이라(벧전 2:9)."

유학에 심취하여 사서삼경을 생활의 근본으로 하는 전주 이씨의 어떤 사람은 자신을 조선 왕손이라 자부심을 가지고 조상에게 제사하는 것을 긍지와 보람으로 여기고 있다. 일반 가정에서 제사는 풍성하게 차린 밥상이요, 더 큰 제사는 돼지를 잡고, 굉장히 큰 제사는 소를 잡는다. 이는 조선 시대에 왕이 선농단에 제를 올리고 백성에게 음식을 나누어 준 설렁탕의 유래에서도 찾아볼 수 있다. 그때 나누어 먹는 음식을 음복[39]이라 한다. 한번은 전주 이씨 아저씨가 종친회에 다녀와서 제사에 대해 말하기에,
 "아니, 짐승을 잡아 제사하는 것은 구약시대에 했던 것이지 신약시대에 이미 끝났어요."

---

[39] 음복(飮福)은 제사를 마치고 제물의 음식을 나누어 먹는 것을 말한다. 글자 그대로 해석하면 '복을 먹는다.'는 뜻이다.

그 아저씨가 눈을 동그랗게 뜨고서,

"그런 게 어디 있어?"

"성경에요. 구약시대에 제사장들이 양과 소, 비둘기, 염소들을 잡아 제사했는데, 신약에 예수님이 단번에 화목제를 드리므로 이제 다시는 짐승을 잡아 제사하지 않아도 됩니다."

"염소와 송아지의 피로 하지 아니하고 오직 자기의 피로 영원한 속죄를 이루사 단번에 성소에 들어가셨느니라(히 9:12)."

조선의 건국이념에서 성리학(性理學)은 이(理)와 기(氣), 우주의 생성, 인간 심성, 사회적 인간의 자세 등 실천철학의 여러 분야에서 새로운 유학 사상을 수립하였다. 성리학을 주자학(朱子學)이라 했다. 이는 남송(南宋)의 주희(朱熹·朱子 1130~1200)가 집대성하여 철학의 체계를 세운 것이기 때문에 붙여진 말이다. 그의 유명한 윤리 도덕 교훈 주자십회(朱子十悔)가 있다. 열 가지 뉘우침의 훈계로 그 첫 번째가 불효부모사후회(不孝父母死後悔)이다. 부모에게 불효하면 돌아가신 뒤에 뉘우친다. 청개구리가 비 올 때 우는 이유를 설명하는 설화와 같다. 이는 살아있을 때 잘 해야 참 효도이지 죽은 뒤에 후회한들 소용없다는 것이다.

그런데 죽은 자에게 하는 제사가 살았을 때보다 더 지극하고 풍성하니 이런 풍속은 옳지 않다. 진실로 우리는 부모에게 아무리 잘 해도 불효한 것 같고, 사랑하는 사람에게 아무리 잘 해도 부족한 것뿐이다. 그래서 살아있을 때 다하지 못했으니 돌아가신 후에라도 잘해야겠다는 생각에 제사로 효도해야겠다고 하는지 모르지만, 그러나 이것은 분명 옳지 않은 생각이요 잘못된 효의 실천이다. 그렇다면 참된 효는 무엇인가? 이미 우리는 잘 알고 있으므로 이 질문 자체가 어리석은지도 모른다. 그러나 제사에 관해서는 이 사실이 죽음 이후의 실재이므로 영적인 관점에서 분명히 알아야 할 필요가 있다.

사람은 영적인 존재이기 때문에 영이 그 본질이요 육은 영을 담고 있는 그릇, 즉 현상이다. 현상이 낡아지면 육신은 흙으로 돌아가고 영은 영의 세계로 돌아간다. 그래서 예나 지금이나 사람이 죽으면 "돌아가셨다."고 하는데 이 말은 당연히 성경적이다. 사람이 죽으면 귀신이 되는 것이 아니라 영의 세계로 돌아간다. 사람이 영의 세계를 알려면 성경에서 그 근원을 찾아보아야 하는데 성경에는 천국과 지옥, 사탄, 즉 마귀와 그 수하의 졸개인 귀신에 대해 분명히 기록되어 있다(신 32:17, 시 10:96, 마 4:1-11, 8:16, 8:28-34).

> "무릇 이방인이 제사하는 것은 귀신에게 하는 것이요 하나님께 제사하는 것이 아니니 나는 너희가 귀신과 교제하는 자가 되기를 원하지 아니하노라(고전 10:20)."

그러므로 조상에게 드리는 제사는 헛것이요 어리석은 일이다. 자신도 모르게 귀신과 교제하는 자가 되지 말아야 한다. 우리는 영의 세계를 분명히 알아야 한다. 세상에는 귀신 들린 자도 많고 성경에도 기록되어 있다. 그 하나가 거라사의 광인 이야기다(눅 8:26-39). 사실 나도 이런 사람을 보았다.

사도 바울은 영적으로 얼마나 위대한 사람인가! 그는 천국을 체험했다.

"내가 그리스도 안에 있는 한 사람을 아노니 그는 십사 년 전에 셋째 하늘에 이끌려 간 자라.… 그가 낙원으로 이끌려 가서 말로 표현할 수 없는 말을 들었으니 사람이 가히 이르지 못할 말이로다(고후 12:2~4)."

사람이 영적으로 뛰어나다는 것은 놀라운 일이다. 그런데 이 뛰어남이 사람의 힘으로가 아니라 오직 하나님의 능력임을 알아야 한다.

"그가 낙원으로 이끌려 가서."

하나님이 이끌어 주셔야 갈 수 있다. 성경에는 영적으로 위대한 사람들이 많다. 시내산에서 십계명을 받은 모세는 하나님과 직접 대면하였다. 하나님과 독대를 한 것이다(출 33:11).

십계명은 출애굽기 20장과 신명기 5장에 기록되어 있다. 1~4계명은 하나님과의 관계, 5~10계명은 사람과의 관계다. 즉 십계명 전체의 요점은 사랑인데 하나님 사랑이 크고 첫째 되는 계명이요, 둘째도 그와 같이 이웃 사랑으로 이 두 계명이 온 율법과 선지자의 강령이다(마 22:36-40).

사람에 대한 첫 계명 즉 제5계명은 부모 공경이다. "네 부모를 공경하라 그리하면 네 하나님 여호와가 네게 준 땅에서 네 생명이 길리라(출 20:12)." 이것은 약속이 있는 첫 계명이니, 그래서 부모님께 참된 효도를 하는 자에게는 장수의 축복이 있다(엡 6:1~3). 여기서 장수의 의미는 그냥 오래 사는 것만 아니라 건강하고 부족함이 없는 평안한 일상이 포함되어 있다. 그러므로 진정한 효도는 살아 계실 때, 또 형제자매의 우애로 부모님을 평안케 해드리고 온 가정을 화목하게 하는 것이다.

항암 치료를 하면서 근심 걱정에 우울한 모습으로 있는 환우와 그 가족들을 위해 말씀을 전하고 기도하며 위로하니, 내 마음에도 감사와 평안이 왔다. 그래서 병원에서 보내는 시간이 보람이 있고 기쁘고 즐거웠다.

"우리는 현대 의학을 믿고, 병원 의료진들을 믿고, 기적을 주시는 하나님을 믿어야 합니다. 그래야 빨리 치료받을 수 있습니다."

환우들과 가족들도 좋아하고 성경 말씀을 듣고 복음을 받아들였다.

"마음에 평안을 가집시다. 하나님이 고쳐주신다는 믿음을 가지고 기도합시다."

환자 가족 중 어떤 사람이

"목사님도 암 걸리나?"

"네, 병은 누구나 다 걸립니다. 그것이 크든 작든 말이죠." 하고 웃으며 "몸이 약해 고뿔도 걸려요. 피부염도 걸리고 발가락에 무좀도 있어요?" 하니 그저 웃기만 했다.

"왜 사람이 병에 걸리는지 아세요?"

"네~ 몸이 약해져서 걸리는 거겠죠."

"맞아요. 그런데, 원초적인 문제는 죄 때문에 오는 것입니다."

"죄요?"

"그렇습니다. 죄가 우리를 늙고 병들어 죽게 하는 것이죠. 에덴동산에서 아담과 하와는 늙고 병드는 것이 없었을 뿐만 아니라 죽는 일도 없었죠. 그런데 하나님 말씀에 불순종하는 죄를 범하여 동산에서 쫓겨나게 되고, 그 후 모든 인류가 질병으로 고통을 받고 결국은 죽음에 이르게 되었죠."

말씀을 사람들은 어떻게 받아들이는가? "들을 귀 있는 자는 들으라(막 4:9). 누구든지 귀가 있거든 들을지어다(계 13:9)." 마음속으로 기도하며,

"이 죄를 없애기 위해 하나님께서 그의 아들 독생자 예수 그리스도를 이 땅에 보내셨답니다. 그날이 바로 크리스마스이지요."

그러고 보니 성탄절이 며칠 남지 않았다. 이 세상에 크리스마스를 모르는 사람, 모르는 민족이 얼마나 있으랴.

"성경은 신화가 아닙니다. 동화나 소설, 우화 같은 그런 이야기도 아닙니다. 선지자들이 성령의 감동에 의해 기록된 거룩한 말씀이요 진리와 생명의 말씀입니다. 성경 읽어보셨습니까?"

"아니, 읽어 보지 않았어요."

"그럼, 교회는 가보셨나요?"

"어릴 때 시골에서 친구들과 잠깐 다닌 적이 있어요."

"아, 그렇군요. 어릴 때를 생각하며 이제 교회 나가시면 되겠습니다."

하나님은 택한 백성은 버리지 않으신다. 탕자를 기다리는 아버지와 같은 애절한 심정으로 문 앞에서 등불을 켜고 기다리신다. 주님은 오늘도 자기 백성이 돌아오기를 기다리신다.

"집 가까이 교회가 있습니까?"

"네, 교회가 너무 많아요."

"그래요. 교회도 잘 선택해야 합니다. 요즘 워낙 사이비, 이단이 많아서."

"정말, 그렇더군요."

"가족이나 친척 중에 교회 나가는 사람 있어요?"

"네, 아는 사람 중에 몇 분이 있습니다."

"그분들에게 물어보시고, 꼭 교회 나가셔서 말씀 들으시기 바랍니다."

그 사람의 아버지는 말기 암 환자였다. 나이도 고령이어서 회복이 어려워 보였다. 그러나 알 수 없는 일이다. 나도 모르고 의사도 모르고 가족들도 환자 자신도 모르는 일이다.

"기적은 있습니다. 믿고 기도하면 고쳐 주실 겁니다."

"네, 감사합니다."

"포기하지 마세요. 낙심하지 마세요. 염려하지 말고 기도하세요. 전능하신 하나님이 함께하십니다."

환자 가족 중 한 분은 "목사님, 기도해 주셔서 많이 좋아졌어요. 감사합니다."

"네, 감사합니다. 믿고 기도하세요. 치료해 주시는 하나님께 감사하세요."

그분은 믿지 않는 사람이었다. 모든 일을 주께 맡기면 우리의 형편을 다 아시는 주님이 이루신다. 나는 어떤 사람인가? 나는 게으른 종이다. 내가 할 수 있는 일이 있는데도 하지 않으니 그러므로 나는 게으른 종이다. 용기도 없고 부족하고 연약하여 내가 워낙 전도하지 않으니, 병원에 보내서라도 전도하게 하신 것이다. 오늘은 하나님께서 어떤 사람을 만나게 해 주실까? 어디로 가서 말씀을 전하고 위로하며 기도하게 하실까? 하나님의 인도하심이 놀랍고 신기했다. 임마누엘, 하나님이 우리와 함께하신다 (Emmanuel, God is with us. 마 1:23, 사 7:14).

그러나 이제 이곳을 떠나야 한다. 이곳에서의 나의 사명은 끝났는가 보다. 섭섭하기까지 했다. 그래서 사람들이 마무리된 일에 미련이 남는 것을 두고 "시원섭섭하다." 했나 보다.

오후 5시가 되어서 백혈구 수치를 높이는 주사를 또 맞아야 했다. 지난밤 통증으로 인해 잠을 잘못 잤는데 오늘 밤은 또 어떻게 보내야 하나. 인간의 육신은 나약하기 그지없다.

"그러므로 모든 육체는 풀과 같고 그 모든 영광은 풀의 꽃과 같으니 풀은 마르고 꽃은 떨어지되 오직 주의 말씀은 세세토록 있도다. 하였으니 너희에게 전한 복음이 곧 이 말씀이니라(벧전 1:24-25, 사 40:6-8)."

주사를 맞은 후 환우들에게 퇴원 인사를 하러 다니며, 용기를 잃지 말고 믿음으로 이겨 나가자고 서로 말했다. 전주에서 서울로 올라와 치료를 받고 있는 환우 한 분이 웃으며 말했다.

"목사님, 조기 졸업하시네요. 위의 사람은 성적이 우수하고 품행이 방정맞아 이 졸업장을 수여함. 하하하."

옛날에 상장이나 표창장에 사용한 단어다. "방정(方正)하다"를 점잖지 못하다는 순우리말 "방정맞다"로 웃겼다. "오늘도 오두방정을 떠시네. 하하하."

그는 믿지 않는 사람이었다. 그런데도 누구에게 어떻게 들었는지 교회에 대해 많이 알고 있었다. 내가 환우들과 대화하고 있는 것을 보고 말했다.

"목사님, 오늘도 성령이 충만하셔서 전도하시네. 하하하."

또 성경 읽는 것을 보고 말했다.

"목사님은 역시 달라. 이른 아침부터 거룩한 말씀으로 묵상하시니 영성이 대단하십니다."

그리고 여러 사람과 이야기하는 것을 보고 말했다.

"목사님은 오늘도 성도들을 모아놓고 부흥회 하시네. 성령 충만, 말씀 충만, 은혜 충만입니다."

그는 나보다 3년 아래였지만 젊고 씩씩했다. 쾌활한 성격으로 매사에

긍정적이었다. 재치도 남달랐고 유머 감각도 있었다. 운동도 무척 잘했다. 마라톤 완주를 몇 번이나 하고 등산도 잘 했고 특히, 테니스를 좋아해서 치료받는 중에도 열심히 운동한다고 했다. 누가 봐도 그는 환자 같지 않았다. 그랬던 그가 2년을 넘기지 못하고 세상을 떠났다.

인생은 알 수 없다. 누가 언제 어떻게 될지 아무도 모른다. 그러므로 오늘 이 시간을 소중히 여기며 하루하루를 감사하고 사랑하며 보람되게 사는 것이 가장 지혜로운 삶이다.

> "내일 일을 너희가 알지 못하도다. 너희 생명이 무엇이냐 너희는 잠깐 보이다가 없어지는 안개니라(약 4:14)."

암이 그렇다. 진통제로 통증을 완화시키지만 그것도 한계가 있다.
"욥의 고난을 생각하라!"

욥은 많은 재산과 자녀들까지 모두 다 잃었다. 더구나 그의 아내마저 욕하며 저주하고 떠나갔다. 그에게 남은 것은 병들어 지친 몸뿐이었다. 그리고 욥의 고난 소식을 듣고 찾아온 친구들(욥 2:11)도 욥의 형편을 이해하기는커녕 그가 정직하지 못하고 악을 행하였기 때문이라고 따져 물었다.

> "생각하여 보라 죄 없이 망한 자가 누구인가 정직한 자의 끊어짐이 어디 있는가? 내가 보건대 악을 밭 갈고 독을 뿌리는 자는 그대로 거두나니 다 하나님의 입 기운에 멸망하고 그의 콧김에 사라지느니라(욥 4:7~8)."

"많은 사람 찾아와서 나의 친구가 되어도, 병든 몸과 상한 마음 위로받지 못했다오. 예수여, 이 죄인을 불쌍히 여겨 주소서. 의지할 것 없는 이 몸 위로 받기 원합니다(복음성가 안철호 詞, 曲 "세상에서 방황할 때" 2절)."

사람은 누구나 마찬가지다. 입장을 바꾸어 생각(易地思之역지사지)하기는커녕 철저히 자기중심적이요 자기 생각만을 앞세우는 이기적이다. "기록된 바 의인은 없나니 하나도 없으며(롬 3:10, 시 14편)."

의욕이 아닌 욕망과 욕심은 죄를 낳아 사망의 골짜기로 몰아넣고 있다. "욕심이 잉태한즉 죄를 낳고 죄가 장성한즉 사망을 낳느니라(약 1:15)."

욕심은 빨리[40] 버려야 할 몹쓸 것이지만 버리기가 쉽지 않다. 왜 그럴까? 욕심과 욕구를 착각해서인가? 의욕이 지나치면 욕망이 되고 욕망이 지나치면 탐욕이 되어 그것이 우리를 죄악의 구렁텅이로 몰아넣는다.

신앙을 지키며 죄악에서 떠나 오로지 믿음으로 산다는 것은 쉬운 일이 아니다. 욥 그리고 다니엘과 세 친구들, 또한 많은 신앙의 선배들과 우리나라 조선 말기에 이어 한말과 일제 시대, 그리고 6·25전쟁 때 순교한 많은 성직자들과 성도들 순교의 신앙은 위대하다. 그들은 오직 위의 것을 바라보며 살았다. 그들은 신앙을 지키며 성결한 삶을 사느라 고난을 당했지만 나는 자초하여 이 어려움에 처했으니 마땅히 받아야 할 고통이다.

이런 생각을 하며 누웠으나 너무 아파 잠이 들지 않았다. 오늘은 간호사에게 통증이 심하다 말하고 진통제를 좀 맞을까 하다가 "지난밤도 이겨

---

[40] 우리말에 '빨리'의 유의어가 많다. 얼른, 퍼뜩, 어서, 속히, 싸게, 급히, 선뜻, 날름, 쉬이, 신속히… 지방의 사투리 다하면 이보다 많을 것이다. 외국 사람도 이 말을 빨리 배운다. 그만큼 중요하다는 뜻도 있고 또 성급하게 서두른다는 의미도 있다.

냈으니 참고 견뎌 보자."

축적된 약물 때문인지 지난밤보다 더 심한 고통이 몰려왔다. 온몸의 뼈마디가 쑤시는 극심한 통증이었다. 뼛골이 쑤신다는 말이 뼈저리게 느끼고 원한에 맺혀 골수에 사무친다는 말이 이해가 되었다.

동짓달 기나긴 밤을 온 몸을 뒤척이고 식은땀을 흘리며 끙끙대는 이 현실이 너무 괴롭다. 내가 왜 암에 걸려 이 고생을 하는가? "주여, 나의 죄를 용서하소서. 나를 용서해 주소서." 회개의 기도가 절로 나왔다. 오직 통증이 가라앉기를 기도할 수밖에.

그렇게 고통의 밤을 보내고 새벽이 되어 피 검사를 했다. 다행히 수치가 6700까지 올랐다. 엄청 많이 오른 것이다. 하나님은 치료하는 광선이시다. "여호와 라파!(출 15:26)."

> "내 이름을 경외하는 너희에게는 공의로운 해가 떠올라서 치료하는 광선을 비추리니 너희가 나가서 외양간에서 나온 송아지 같이 뛰리라(말 4:2)."

그렇게 병원 생활을 모두 정리하고 집으로 돌아왔다. 이 통증은 퇴원 후 사흘간이나 계속되다가 몸이 회복되면서 점차 사라졌다. 이후에도 항암 치료 후유증은 몸 곳곳에 나타나, 재발하는 것이 아닌가, 노심초사 불안하게 하고 있다. 암은 정말 무서운 것이고 다시는 걸리지 말아야 할 것이다.

"하나님이여, 나를 지켜 주소서 내가 주께 피하나이다(시 16:1)."

남동구 선별진료소 1번 방에서 신원확인과 질문이 끝나고, 간호사는 방 오른쪽 위에 있는 통을 열어 보라고 했다. 그 통에는 검사에 필요한 물건들이 들어 있었다. 그 물건을 가지고 2번 방으로 옮기라고 하여 2번 방으로 이동했다.

그때 의문스러웠던 것은, 1번 방에서 검사를 다 마치면 될 터인데 왜 2번 방으로 옮기라 했는지? 지금도 그 이유를 도저히 알 수가 없다. 2번 방도 1번 방과 크기는 똑같았으나 구조는 조금 달랐다. 의자에 앉자 간호사가 유리 칸막이에 붙어 있는 두툼한 고무장갑을 끼고 손을 흔들며 말했다.

"면봉 하나를 여기 주세요"

나는 손에 들고 있던 면봉을 그녀에게 건넸다.

"자, 입을 크게 벌리세요."

그녀는 나의 입 안쪽 혀에 면봉을 돌려 문지른 뒤 왼손에 옮겨 쥐고 나서, "코는 조금 불편할 겁니다." 하고 오른손의 다른 면봉을 코 안쪽 깊숙이 넣어 문질렀다. 정말 거북스런 느낌이 들었다. 그녀는 검사한 두 개의 면봉을 작은 플라스틱 원통에 넣고 뚜껑을 닫았다. 그리고 플라스틱 통 겉면에 적혀있는 이름을 확인시켜 주었다.

"네, 끝났습니다. 바로 집으로 가세요. 2주간 자가 격리하셔야 합니다."

"검사 결과는 언제 나옵니까?"

"내일 아침 8시 이후에 문자로 연락드립니다. 안녕히 가세요."

나는 자가 격리 수칙이 적힌 작은 종이를 들고 밖으로 나왔다. 거기에 쓰인 글은 다음과 같았다.

> 코로나19 검사 후에는 즉시 귀가하여 검사 결과 통보 시까지 자택에서 대기해 주시기 바랍니다.
> 외부인 접촉 및 다중이용시설 방문 등 자제 당부 드립니다!
> ○ 검사 결과 통보 : 익일 오전 8시 이후 문자 메시지 전송.
> ○ 검사관련 문의 : 남동구보건소 감염병 대응팀 ☎ 032) 453-8430

검사하기 위해 방에 들어갈 때 대기자가 없었는데 마치고 나오니 20대로 보이는 한 아가씨가 1번 방 문 앞에서 기웃거리고 있었다. 마스크를 쓰고 있으니, 혹시 아는 사람인가 해서 물어보았다.

"검사받으러 오셨습니까?"

"네~."

그녀는 낮은 목소리로 짧게 대답했다. 그 모습이 근심에 찬 눈빛으로 상기되어 있었다.

나는 그녀의 힘없는 목소리와 근심 어린 눈빛을 보며 크게 걱정 말라는 의미로 좀 큰 소리로 말했다.

"그래요, 그 방으로 들어가시면 됩니다."

모두가 두렵다. 언제 어디서 감염될지 모르기에 얼마나 많은 사람들이 코로나19로 어려움을 겪고 있는가! 너, 나 할 것 없이 모두가 그렇다. 감염이 의심되고 확진자와 접촉한 사람은 2주간 자가 격리에 들어간다. 그리고 격리 수칙을 지켜야 하는데 "가족과도 접촉하면 안 된다."니 얼마나 힘든 시간인가. 그래도 모두를 위해 참고 견뎌야 한다.

"다만 이뿐 아니라 우리가 환난 중에도 즐거워하나니 이는 환난은
  인내를, 인내는 연단을, 연단은 소망을 이루는 줄 앎이로다(로마서

5:3~4)."

코로나19는 정말 희한한 전염병이다. 어떤 사람은 사망에 이르고, 어떤 자는 죽을 고통에 살아났으나 그 후유증이 언제까지 계속될지 모르고, 어떤 이는 감염된 줄 자체도 모르고 있으니 조용한 전파는 계속되어 이곳저곳으로 마구 번지고 있다. 코로나 바이러스는 증식하지 않으면 일정한 시간이 지나 저절로 사멸한다는데, 빠른 전파력으로 순식간에 감염시키고 계속 증식하니 이 위기가 언제 끝날지 모르는 암울한 상황에 처해 있다. 주의하고 조심하지 않아 한순간에 사람의 몸에 들어와 번식하고 또 옮기고 있으니 모두가 두려워하지 않을 수 없다.

특히, 기저질환자나 고령자는 치사율이 높다고 하는데 97세의 어떤 할머니는 치료를 잘 받고 완치되었다고 하니 생명은 그 누구도 알 수 없는 일이다.

예로부터 "사람의 목숨은 하늘에 달려 있다(人命在天)."고 했다. 생사화복(生死禍福)의 주관자 그분이 곧 하나님이시다.

"이제는 나 곧 내가 그인 줄 알라 나 외에는 신이 없도다. 나는 죽이기도 하며 살리기도 하며 상하게도 하며 낫게도 하나니 내 손에서 능히 빼앗을 자가 없도다(신 32:39)."

지금 전 세계가 코로나19와 큰 전쟁을 치르고 있다. 많은 사람이 죽어가고 있고 정신적, 육체적, 물질적으로 고통받고 있다. 하루속히 치료 약과 백신이 개발되어야 한다. 많은 나라에서 치료 약과 백신을 개발하려고 안간힘을 다하고 있으나 현대의학으로 아직은 녹록지가 않은 모양이다. 신약 개발이 그렇게 쉽지가 않다는 것이다. 특히, 백신은 지금까지 연구해 온 바에 의하면 완전한 제품을 만들기까지 7~8년이나 걸린다고도 하고, 빨라야 4~5년이라고 했다. 하지만 한시가 바쁜 이 시점에서 잠시도 지체할 수 없다.

인간은 천지를 창조하신 하나님의 형상으로 지음 받았다. 그러므로 뛰어난 창조의 능력으로 멀지 않아 완전한 치료제와 백신이 개발될 것이다. 그때까지 우리 모두 조심하고 또 조심해서 이 위기를 하루빨리 극복해야 하겠다.

집으로 오는 길에 선별진료소 1번 방 앞에 머뭇거리며 서 있던 그녀의 상기된 눈빛, 근심에 찬 눈빛, 창백한 얼굴에 불안한 눈빛이 떠올라 내 마음이 착잡하기 그지없었다.

"주여! 우리를 불쌍히 여기소서. 긍휼히 여기소서. 이 재난 가운데 어려움을 겪고 있는 모든 사람들과 또, 근심하며 염려하는 모든 자들에게 평안의 은혜 베풀어 주소서."

"내 의의 하나님이여, 내가 부를 때에 응답하소서. 곤란 중에 나를 너그럽게 하셨사오니 내게 은혜를 베푸사 나의 기도를 들으소서 (시 4:1)."

"아무것도 염려하지 말고 다만 모든 일에 기도와 간구로 너희 구할 것을 감사함으로 하나님께 아뢰라 그리하면 모든 지각에 뛰어나신

하나님의 평강이 그리스도 예수 안에서 너희 마음과 생각을 지키시
리라(빌 4:6-7)."

사람 만나기가 두렵고 누구도 안심할 수 없고 믿을 수가 없다. 확진자와 접촉으로 감염되었을 경우, 같은 공간에서 대화를 하고 식사를 하는 가족 사이의 2차 감염은 99% 아니, 100%다. 그래서 한 사람의 잘못으로 가까운 많은 사람에게 피해를 입히고 엄청난 고통을 주는 위험한 상태에 빠지게 된다. 이러한 상황에서 우리는 어떻게 해야 하는가? 사회적 질서를 지키고 방역 수칙을 철저히 지키는 길밖에 없다.

모래내 시장을 지나면서 늘 하던 대로 "가게에 들러 먹을 것을 좀 사갈까?" 생각하며 발길을 돌리는데 "아니, 못 간다. 다른 사람과 접촉하면 안 된다."하고 향하던 발걸음을 멈추었다. 당부하던 간호사의 말이 귀에 쟁쟁거렸다.

"집으로 바로 가셔야 합니다. 누구도 만나면 안 됩니다. 가족과도 접촉하면 안 되고요."

우리는 늘 해 오던 일상의 습관으로 아차! 잘못하여 실수를 범할 수 있다. 이러한 잘못으로 위험에 처하게 된다면 심각한 문제다.

코로나19는 어떤 사람에게 증상이 전혀 없다. 그래서 무증상 감염자가 더 위험하다. 무증상 감염자는 자기도 모른 채 이웃과 친구와 가족에게 전염시킬 수 있다. 이로 인해 감염병에 취약한 노약자, 기저질환자에게 엄청난 고통을 주게 된다. 특히 자기의 잘못으로 가족이나 누군가 사망에 이르게 된다면, 상상조차 하고 싶지 않은 일이다.

날마다 폰에는 여러 번의 안전 안내 문자벨이 울려댄다. 세상이 왜 이렇게 되어 가고 있는가? 정말 이제 종말이 가까운 환란의 시대가 온 것인가? 지난여름은 또 어떠했던가! 사상 유래 없었던 긴 장마에 하루를 멀다 하고 내리는 호우주의보와 남부의 어느 한 마을은 완전히 침수되어 큰 고난을 겪을 수밖에 없었던 홍수, 이뿐이 아니었다. 일주일에 세 개의 태풍을 맞이하기는 내 생애 처음이라 재난의 기념비적인 일이라 아니할 수 없다. 어떻게 이런 일들이 온 세계와 우리 모두에게 한꺼번에 닥칠 수 있는가!

예수께서 감람산 위에 앉으셨을 때에 제자들이 조용히 와서 이르되 "우리에게 이르소서 어느 때에 이런 일이 있겠사오며, 또 주의 임하심과 세상 끝에는 무슨 징조가 있사오리까?(마 24:3)"

또 이르시되 "민족이 민족을, 나라가 나라를 대적하여 일어나겠고, 곳곳에 큰 지진과 기근과 전염병이 있겠고 또 무서운 일과 하늘로부터 큰 징조들이 있으리라(눅 21:10-11)."

"이 천국 복음이 모든 민족에게 증언되기 위하여 온 세상에 전파되리니 그제야 끝이 오리라(마 24:14)."

복음이 온 세상에 전파되고 있다. 그러면 세상의 끝이 온다. 이제 정말 끝이 가까워 오고 있다. 시작이 있으면 끝이 있는 법이다.

"다니엘아, 마지막 때까지 이 말을 간수하고 이 글을 봉함하라 많은 사람이 빨리 왕래하며 지식이 더하리라(단 12:4)."

지금이 어떤 시대인가. 인류 역사상 이렇게 사람들이 빨리 왕래하던 시절이 있었던가? 내가 어릴 때만 해도 느림보 증기기관차, 버스, 트럭이 가장 빠른 교통수단이었다. 비행기가 있었지만 주로 군사용으로 사용하였고 대중교통 수단으로 이용하지 않았다. 먼지를 날리며 신작로를 달리는 차도 하루에 한두 번 보면 많이 보았다. 그런데 지금은 수많은 차들이 거미줄같이 쳐진 도로를 쏜살같이 달린다. 불과 50년 만에 이렇게 사람들의 왕래가 빨라졌다.

지식은 또한 어떠한가. 엄청나게 더하여지고 있다. 사람의 지식으로 로봇을 만들었는데, 그 로봇이 인간의 지식을 뛰어넘고 있다. 어찌 이런 일이 있을 수 있는가! 인간의 지식은 지금도 끝없이 쏟아져 나와 하늘로 치솟고 지식에 지식을 더하여 넘쳐나고 있다.

해가 서쪽으로 기울어 어느덧 어둑어둑 땅거미가 짙어지고 있었다. 지름길로 걸음을 재촉했다. 가로등이 띄엄띄엄 있는 모래내시장 뒷골목은 어둠에 깃들어 있다. 11월 1일, 음력으로 9월 16일. 추석을 보낸 지 꼭 한 달이 지났다. 곧 달이 떠오른다. 밝은 달이 떠오르면 이 어두움은 곧 물러간다. 지금 이 어두운 시대도 그러하리라.

"이 또한 지나가리라."
　　　　　　　　　- 솔로몬, 악BC.970~931(다윗왕 반지에 새긴 글).

이튿날 오전 8시가 되어 문자가 왔다.

> 안녕하세요, 남동구보건소입니다. 시행한 코로나 검사 결과 '음성'임을 알려드립니다. *자가 격리자의 경우, 검사 결과에 상관없이 격리 기간을 지켜 주시기 바랍니다. 감사합니다.

그리고 오전 9시가 조금 지나 남동구청에서 안전 안내 문자가 왔다.

> 간석2동 코로나19 확진자 접촉자 1명 발생. 자택 및 인근 지역 방역 소독 예정

오전 10시가 조금 지나 회장으로부터 문자가 왔다.

> 회원 여러분 전원 '음성'입니다. 고생 많으셨습니다.

다행이었다. 회의 중에는 모두 마스크를 착용하고 있었고 회의 후 점심 식사를 한 것이 문제가 되었지만, 그런 가운데서도 우리 모두 방역 수칙을 철저히 지켰기 때문이다. 오전 11시가 되어 중구보건소에서 전화가 왔다.
"검사 결과 '음성'으로 나와서 다행입니다. 자가 격리는 어디서 하시나요?"
"네, 남동구 자택에서 합니다."
"아, 그렇군요. 그러면 저희들의 업무를 남동구로 이관합니다."
"네, 알겠습니다. 수고하세요."
오후 6시 33분에 남동구 심리지원팀에서 문자가 왔다.

> 코로나19로 어려움을 겪고 계신 귀하의 몸과 마음의 회복을 기원합니다. 감염병 스트레스 완화를 위한 정보를 보내 드리니 링크를 확인하여 주시고, 전문적인 심리 상담

> 이 필요하신 분께는 아래의 번호로 연락주시면 도움을 드리겠습니다. 남동구 정신건강 복지센터 032-465-6412, 국가 트라우마 센터 02-2204-000, 24시간 정신건강 상담 1577-0199

퇴근 시간이 지났는데도 일을 계속하고 있나 보다. 얼마나 많은 사람들이 정신적 어려움을 당하고 있는가를 짐작케 한다. 전 세계가 신음하며 몸살을 앓고 있다. 우리의 이 어려움, 이 신음 소리를 주께서 듣지 아니하시고 외면하시는 것 같아 마냥 안타까울 뿐이다. 시편에서는 이런 사정을 눈물로 호소한다.

"내 하나님이여 내 하나님이여 어찌 나를 버리셨나이까. 어찌 나를 멀리하여 돕지 아니하시오며 내 신음 소리를 듣지 아니하시나이까 (시 22:1)."

동료 목사님과 성도들로부터 전화가 와서 통화를 했다.
"하나님은 우리의 기도를 듣지 않으실 리가 없어요."
"그러면 왜 이 재난, 이 고난의 세월이 멈추지 않는가요?"
"우리 참고 기다리며 주님께 기도합시다."
"코로나19는 끝이 보이지 않아요. 모두 힘을 다해 방어해 보지만 갈수록 더 심해지기만 하니 도저히 불가항력적인 것 같아 답답하기만 합니다."
"모든 것이 때가 있어요. 그때까지 방역 수칙 잘 지키며 기다리는 수밖에."
전도서 3장에는 때에 대해 말하고 있다. 세상 모든 일이 다 그렇듯이 이 시대 우리에게 코로나의 때가 이르렀으니 치료제 개발의 때, 백신 개발의 때, 바이러스가 그치는 때, 평안의 때가 있을 것이다.

사람이 할 수 있는 일이 무엇인가. 그저 방역 수칙을 잘 지키며 기다릴 뿐이다.

"너희는 마음에 근심하지 말라 하나님을 믿으니 또 나를 믿으라(요 14:1)."

"평안을 너희에게 끼치노니 곧 나의 평안을 너희에게 주노라. 내가 너희에게 주는 것은 세상이 주는 것과 같지 아니하니라. 너희는 마음에 근심하지도 말고 두려워하지도 말라(요 14:27)."

다음 날, 오전 10시에 심리지원팀에서 또 문자가 왔다.

> 남동구 신종 코로나 바이러스 통합 심리지원단에서는 심리지원 서비스 제공과 관련하여 귀하의 전화로 빠른 시일 내에 연락드리겠습니다. 마음의 회복을 위해 함께 하겠습니다. 문의: 남동구 정신건강 복지센터 032-465-6412

오후 5시가 조금 지나 간석 2동 담당 공무원으로부터 전화가 왔다.
"안녕하세요? 자가 격리 담당자 ○○○입니다. 별다른 증상은 없으신가요?"
"네, 지금은 괜찮습니다만."
"아, 그래요. 어쨌든 남은 기간 동안 다른 사람과 접촉하지 않도록 조심하셔야 합니다. 자가 격리 중에 양성으로 확진된 분이 있으니까요. 그리고 열이 있거나 몸살기, 기관지의 이상, 냄새를 못 맡거나 입맛이 없는 등 증상이 있으시면 곧바로 연락 주세요."

"네, 알겠습니다. 수고하세요."

그리고 오후 퇴근 시간이 가까워질 무렵 남동구 심리지원팀으로부터 전화가 왔다.

"안녕하세요? 여기는 남동구 정신건강 복지센터입니다. 자가 격리에 정신적으로 어려운 점 있으시면 도와드리려고 전화드렸습니다."

"네, 잘 보내고 있습니다. 책도 읽고 음악도 듣고 아직은 혼자 있는 것 괜찮은데요."

"아, 그렇군요. 긍정적으로 생각하셔서 다행입니다. 그렇게 잘 지내시고, 혹시 어려운 점이 있거나 힘드시면 연락 주세요. 도와드리겠습니다."

"네, 알겠습니다. 수고하세요."

그리고 이틀이 지나 격리지원 물품이 왔다. 격리자에게 도움을 주는 필요한 물품들이었다.

손소독제1, 독극살균소독제(분무)1, 컵라면(신)7, 양반올리브김9, 소고기미역국1, 무국1, 육개장(비비고)1, 햇반(C) 8개, (오)3분카레(순)4, (샘)매콤한 깻잎 2캔, 초코파이(정)12, 진라면5, (농)짜파게티5, 건강 새싹기르기1. 스틱체온계2, 격리통지서 수령증1, 자가격리 수칙준수 알림장1, 종이스틱 체온계1.

"격리자 한 사람에게 이렇게 신경을 쓰고 친절히 관리를 하는 대한민국은 정말 대단한 나라다. 또 격리가 끝나면 격리지원비까지 준다니 우리나라는 정말 좋은 나라다."

이후에도 담당 공무원은 몇 차례 더 친절한 말씨로 전화하여 건강 상태를 물어보았다. 얼마나 많은 사람들이 어려움을 겪고 있는가! 온 국민이 아니, 온 세계가 정신적으로 물질적으로 힘들어하고 있는가. 자가 격리하는 것도 이렇게 갑갑한데, 확진자는 어떠하며 중증 환자들은 어떠하며, 사망자와 또 그 가족들은 어떠하겠는가!

아! 비극이다. 환란이다. 큰 재난이다! 20세기 세계 1, 2차 대전 때 죽은 사람보다 더 많은 사람들이 사망할 것이라는 예측과 이 위기가 언제 끝날지 모르는 이 시점에서 우리 모두 낙담할 수밖에 없다. 오! 하나님, 우리를 불쌍히 여기소서. "하나님이여 나를 지켜 주소서 내가 주께 피하나이다(시 16:1)."

"환난 날에 나를 부르라 내가 너를 건지리니 네가 나를 영화롭게 하리로다(시 50:15)."

깊어 가는 가을밤. 달빛이 창가에 내려와 방 안이 환하다. 어두운 밤을 밝히는 고요한 이 빛에 이끌려 밖으로 나왔다. 세상은 잠들어 고요하다. 추석 명절이 한 달 지난 이 한 밤 음력 9월 16일 둥근 달이 중천에 떠 있다. 귀뚜라미 울음소리에 풀잎은 애처로이 떨고 가을바람에 낙엽 지는 소리가 들린다.

아, 온갖 나무들마다 단풍이 곱게 물들고 귀뚜라미 울며 한밤을 세우는 가을이다. 이 밝은 달밤이 얼마나 아름다운가!

이 아름다운 밤 나는 제한된 공간에 갇혀있다. 움직일 수 있는 나의 공간은 어디까지이며, 무엇이 나를 자유롭지 못하게 하는가? 이 공간에서 누리는 나의 자유는 무엇인가?

음악을 듣고 책을 읽고 할 수 있는 일도 많고 하고 싶은 일도 많다. 밖으로 나가지 않으니 시간도 많다. 하지만 이 일은 내가 원해서 하는 자유의지가 아니다. 이것이 나를 불편하게 하고 따분하게 하고 더 갑갑하게 한다.

자가 격리 의무는 반드시 지켜야 할 규칙이기에, 나 한 사람의 문제가 아니라 이웃을 위하여, 대중을 위하여 어쩔 수 없이 불편함을 감수하고 참아야 하는 일이다.

"그놈의 코로나19 때문에, 코로나 때문에, 코로나 때문에." 얼마나 많은 사람들이 눈에 보이지 않는 이 몹쓸 놈, 망할 놈의 코로나를 탓하며 원망하며, 어려움에 처해 있는가! 그래도 확진이 되어 병원으로 실려 가는 사람에 비하면 "나는 정말 괜찮다."고 스스로 위로도 해 보지만, 아무도 만날 수 없고 밖으로는 한 걸음도 나가지 못하는 이 현실이 답답하다 못해 서글프기까지 하다. 아리스토텔레스의 말이 새삼 느껴진다. "인간은 사회적 동물이다."[41]

이 갇힌 공간에서 또 이렇게 하루가 시작되고 또 그렇게 하루가 지나간다. "이 몹쓸 코로나19!"

밤은 고요히 흘러 깊어만 가고 하늘 높이 떠 있던 달은 서산으로 기울어 간다. 별들이 깜박깜박 반짝이다 하나둘 사라지고 먼동이 서서히 터 오른다. 동이 트는 이른 아침, 모든 만물이 기지개를 켜고 잠에서 깨어난다. 아

---

[41] 아리스토텔레스(B.C.384~B.C.322)는 그의 저서 《정치학(Politics)》에서 인간은 정치적 동물(zoon politikon)이라 했는데, 고대 로마 정치인 세네카(BC 4~65)가 그리스어로 쓰인 이 글을 라틴어로 번역하면서 사회적 동물(social animal)이라 기록하였다고 한다.

침 햇살에 수많은 초록 잎들이 반짝이고, 물 위로 흐르는 꽃잎에 그림자 드리우듯 내 가슴은 그리운 어린 시절이 주마등처럼 피어오른다. 그 아름답던 시절의 날들은 은혜의 이슬을 머금고 달빛 흐르는 강물에 떠오르고 나의 온몸에 휩싸여 맴돌다가 커다랗고 긴 한 폭 그림으로 파노라마가 되어, 은빛 물결에 출렁이며 바다를 향해 끝없이 질주한다.

코로나19는 2021년 11월 30일 독일 임상 감염병학자 카를 라우터바흐 교수가 "오미크론이 처음 보고된 남아프리카공화국 전문가들의 말대로 비교적 덜 심각한 증상을 유발한다면 종식을 앞당길 수 있는 크리스마스 선물이 될 수 있다"고 말했다. 하지만 방심은 금물이었다. 팬데믹으로 이후에도 많은 사람이 사망했고 2022년 3월에는 전 국민이 감염되어 많은 사람이 고통을 당하고 사망에 이르게 하였다. 지금은 팬데믹이 끝나고 엔데믹이 되었지만 아직도 세계 곳곳에는 소수의 감염자가 생기고 있다. 그야말로 절반의 크리스마스 선물이 되었다.

2022년 12월 31일.

이만집 목사 이야기

"허허, 그 집 셋째 아들이 글쎄, 미국 사람이 전하는 하나님의 신 야소교[42]를 믿고 야소학교 선생이 되었대."

"어릴 때 그렇게 재주 있고 똑똑하더니, 큰 벼슬할 줄 알았는데 아깝다 아까워."

"서당 훈장이나 하지 무슨 야소학교 선생이래. 집안사람들 볼 면목이 없겠구려."

"조상 신 버리고 야소교 믿으면 상놈이지, 부모 조상들에게 큰 불효를 하고 있구먼."

"그 집안 망했다. 조상신 버리면 집안 망한다 카더라. 서양 신이 뭐가 좋다고 그걸 믿노."

때는 1900년 엄동설한이 지나고 만물이 소생하는 따뜻한 어느 봄날 경주 범울리 이씨 집안의 한 청년이 서양 선교사들이 전하는 복음을 듣고 하나님을 믿게 되었다. 그는 저자에 물건을 사러 갔다가 미국 북 장로회 선교사 제임스 E. 애덤스의 전도로 예수를 믿게 되었다. 이 청년이 바로 이만집 목사[43]이다. 그의 나이 25살이었다.

---

42) 야소교(耶蘇教)는 한국에 전파된 기독교 초기의 명칭이다. 이는 예수교의 한자 표기로, 연암 박지원(1737~1805)이 열하일기에 당시 청국에 와 있던 로마가톨릭교회 중 가장 큰 국제수도회 조직 가운데 하나인 예수회(the Society of Jesus)에 대한 기록을 그 시초로 보고 있다.

43) 이만집 목사(1875.7.7.~1944.6.8.)는 독립운동가로 경상도 경주대도호부, 현 경상북도 경주시 강동면 호명리에서 이원채(李源彩)와 손숙명(孫淑明)의 4남 중 셋째 아들로 태어났다. 어려서 한학을 수학하였고, 경주에서 신앙생활을 하다가 1906년 대구 계성학교가 개교했을 때 한문

복음을 듣고 그리스도인이 된 이만집은 새로운 꿈과 희망이 생겼다. 천지만물을 창조하신 하나님이 함께하시고 지켜 주신다는 믿음이, 미신과 온갖 우상이 가득하고 부정부패와 비리로 얼룩진 부조리한 사회에 희망을 잃어버린 한 청년에게 큰 힘이 되었다.

조선 500년의 역사에 성리학과 유학이 뿌리 깊게 내려 정치와 경제, 사회와 문화, 종교와 사상이 이념이 되었고, 그 사상이 모든 삶을 지배해 왔다. 그 당시 조선은 병인양요(1866), 신미양요(1871), 병자개항(1876)[44], 만인소사건(1881)[45], 임오군란(1882), 갑신정변(1884), 갑오개혁(1894), 을미사변(1895), 아관파천(1896) 등 나라가 어수선해지고 개화 세력과 수구 세력이 첨예화되어 있던 시대였다.

특히, 조선 후기에 들어온 천주교는 만민 박애 만민 평등 사상과 조상에 대한 제사를 거부하는 등 당시의 집권 세력인 성리학자들에게 반감을 사게 되었고, 서구 세력이 진출함에 따라 서양 문물이 들어오고 서양의 풍습과 종교가 조선의 뿌리 깊은 성리학의 질서와 규범들을 어지럽힌다고 생각한 유생들은 유학의 전통과 질서를 유지하고 수호하고자 위정척사[46]

교사로 부임하면서 사역을 시작했다. 3·1 만세운동 일어나 대구 대표로 활동하다가 체포되어 2년의 옥고를 치렀다. 1999년 건국훈장 애국장을 추서 받았다. 그의 장남 이광세, 차남 이성해 목사, 이성해 목사의 아들 이호문 목사, 이호문 목사(인천숭의교회)의 아들 이선목 목사로 4대가 이어지는 목사가문이 되었다.

44) 병자개항은 한편으로 근대적 국제관계의 수립, 왕정체제의 개편, 국제교역 확대와 근대적 제도와 시설의 도입 등 한국사에서 근대의 기점으로 그 의의를 갖는다. 그러나 다른 한편으로 외압에 의해 불평등한 외교관계가 수립된 후 열강의 각축을 거쳐 국권을 잃는 계기가 되기도 했다.
45) 만인소사건(萬人疏事件)은 1881년 영남의 유생 일만 명이 개화정책에 반대하여 서양 세력과 교류하지 말 것을 왕에게 올린 상소 사건이다.
46) 위정척사(衛正斥邪)는 1860년대 이후 이항로, 기정진 등 보수적인 유학자를 중심으로 형성된

운동을 전개하였다. 서양 문물의 유입이 전통 유학의 생활과 정신세계인 성리학 논리에 역행한다고 본 것이다.

이러한 때에 흥선대원군 이하응(1820~1898)은 왕권 강화를 상징적으로 드러내기 위해 무리하게 경복궁을 중건(1865~1872)하면서 당백전과 원납전으로 경제구조를 흐려 백성들의 삶을 다시금 피폐하게 만들었으며, 서구의 새로운 사상이 왕권 중심의 유교 사상을 교란시킬 것을 두려워한 나머지 천주교를 박해하고 쇄국 정치를 펴 국제관계를 악화시켜 새로운 문화와 문물을 받아들일 기회를 놓치게 하였다.

그의 집권 시기 막아낸 두 번의 병인, 신미양요는 집권 초기 행한 개혁 정치로 인해 강해진 국방력의 결과이기도 하지만, 한편으로는 서구의 세력과 평화롭게 수교할 기회를 놓쳐버린 사건이기도 했다.

이런 어수선한 가운데 1866년에 발생한 병인박해로 프랑스 선교사 8명과 수천 명의 천주교 신도들이 처형되었고, 뒤이어 발생한 병인양요와 1868년 발생한 흥선대원군의 아버지 남연군의 묘를 발굴한 오페르트 도굴사건은 위정척사운동에 더욱 힘을 실어주었다. 이에 전국에 척화비를 건립하고 외세 배격의 주장을 강화하게 된 것이다.

이때 위정척사사상은 척화주전론[47]을 강하게 내세워 외세와의 화합을 배격하고 전쟁으로 맞서야 함을 주장하게 된다. 1876년 강화도 조약은 일본과의 교역이 발생하고 미곡 수출이 확대되면서 농촌의 황폐화와 농민

반침략, 반외세의 정치사상 운동으로 조선 후기 외국의 세력 및 문물이 침투하자 이를 배척하고 유교 전통을 지킬 것을 주장하며 일어난 사회적 운동이다. 위정(衛正)은 바른 것, 즉 성리학과 성리학적 질서를 수호하자는 것이고, 척사(斥邪)는 사악한 것, 즉 성리학 이외의 모든 종교와 사상을 배척하자는 것이다. 위정척사 세력들은 전통적인 사회 체제를 고수하는 것이 목적이었기 때문에 개화사상에도 반대하였다. 또 그 운동을 한 사람들을 수구당(守舊黨)이라 불렸다.

47) 척화주전론(斥和主戰論)은 서양과 화의하지 않고 싸우자는 의미로 개화를 반대하는 주장이다.

몰락의 원인이 되기도 하였다. 내우외환으로 국권은 약화되어 나라는 힘을 잃어 가고 백성들의 생활은 더욱 궁핍해지는 어두운 시대로 흘러가고 있었다.

1905년 11월 15일 을사늑약(乙巳勒約)은 일본이 우리나라의 외교권을 박탈하기 위해 강제로 체결한 조약이었다. 그 당시 〈황성신문〉 사장이자 주필로 있던 장지연(1864~1921)은 11월 20일자 사설에 "시일야방성대곡(是日也放聲大哭, 이날을 목 놓아 통곡하노라)"의 논설을 실어 늑약의 부당성을 비판했다. 이렇게 억울하고 분통 터지는 우리 민족의 을사년 그해 겨울은 슬픔과 애통으로 울부짖어, 그야말로 춥고 으스스한 "을씨년스러운" 해가 되었다.

이런 싸늘한 기운의 날들이 계속되다가 5년이 지난 1910년 8월 16일 경술국치의 한일합병으로 국권이 완전히 침탈당하여 조선왕조는 건국된 지 27대 519년, 대한제국 14년 만에 역사 속으로 사라고 일본제국이 지배하는 암흑시대를 맞이하게 된 것이다.

"역사를 잊은 민족에게 미래는 없다"[48]

– 단재 신채호 1880~1936.

이만집은 이 어지러운 시대를 원통하고 억울해하며 슬퍼하고 비탄에만 젖어 있는 것이 아니라, 하나님 아들 예수님은 약하고 불쌍한 자를 사랑

---

48) 이 말은 〈역사는 무엇인가(What Is History?)〉를 쓴 영국의 역사학자 에드워드 핼릿 카(Edward Hallett Carr 1892-1982)의 말이라 한다. 모두 역사의 중요성을 강조하는 말이니, 누가 먼저 말했느냐보다는 그 중요성에 대한 올바른 인식이 필요하다.

하시고 부르짖는 백성을 구원해 주신다는 그 믿음의 확신으로, 힘겨운 가운데서도 독수리가 비바람을 뚫고 날개를 치며 하늘로 솟아오르듯, 험난한 세상을 향해 푸른 꿈을 펼쳐나갔다.

"나는 준비한다. 그러면 언젠가는 나에게도 기회가 올 것이다."

미국의 제16대 대통령 에이브라함 링컨(Abraham Lincoln 1809~1865)의 명언을 떠올리며, 신학문에 대한 열망을 가지고 성경과 서양의 역사, 영어, 지리, 철학, 과학 서적을 탐독하였다. 어려서부터 한학을 수학한 그의 실력은 날로 뛰어났다. 그리하여 1906년 대구 계성학교가 개교했을 때, 교사로 부임하면서 사역 활동을 시작하였다. 계성학교는 영남 지방 최초의 중등교육 기관이었다.

이렇게 경주 이씨 가문의 한 집이 믿음의 가정이 되어 선교사와 사역을 하자 마을과 집안 문중에서는 말들이 많았다.

"그 집 셋째 아들이 서양 선교사가 세운 학교 선생이 되었데."
"선생이라 카머, 마 서당 훈장과 같은 거 아이가."
"다르다 카더라. 신학문 선생은 억수로 공부한다 카더라."
"우리는 아직도 서당에서 한문 배우는데, 신학문이 필요하나?"
"요새 한양에서는 공자, 맹자도 배우지만 신학문도 많이 배우고 있데."

이만집은 교회 일에도 열심이었다. 남다른 열정으로 어려운 일을 마다하지 않고 남성정교회[49] 담임 목사를 보필하였다. 대구 남성정교회는 경

---

49) 남성정교회는 1893년(고종 30) 미국 북장로회 베어드 선교사가 복음을 전하여 교회를 세울 초

북지방 최초로 설립된 교회다. 이 교회는 1891년 미국 북 장로교회 선교부가 부산에서 복음을 전하여 교회가 점점 커지고 확장되자, 1895년에 선교본부를 대구로 옮겨와 전도에 힘써 교인이 늘어나서, 1898년에 기와집 4동을 구입하고 예배당으로 사용함으로 세워졌다.

이후 복음이 대구 곳곳에 전파되고 교세가 확장되어, 1907년에 단층 예배당을 신축하여 사용하다가 1933년 9월에 신도들의 헌금과 지방교회의 성금으로 2층 건물로 재건축하여 제일교회로 개명하였다. 대구제일교회는 희도(喜道), 신명(信明), 계성(啓聖)학교를 설립하여 많은 인재를 양성하였고, 개척하거나 분립하여 나간 교회가 20여 개에 달할 정도로 대구지역 모교회의 위상을 차지하고 있다.

이만집은 1909년에 대구 남성정교회(현, 제일교회) 제2대 장로로 장립되어 섬기면서 부해리(傅海利, Henry. M. Bruen) 선교사와 함께 순회 조사(助事, helper)[50]로 경상도 일대를 다니며 복음을 전하였다. 대구에서 영천 지방을 순회하다가 시티재를 넘어 하곡지(닭실 저수지)를 지나 경주

석을 닦았다. 이후 1896년 1월 남성정(南城町)에 부지를 마련하여 예배당을 건축하였고 교회를 설립한 지 얼마 되지 않아 대구·경북 지방 최초의 서양의료기관인 제중원(濟衆院)이 설립되었다. 1897년 11월 아담스 선교사가 정식으로 부임하였고 제중원은 1899년 10월 동산동(현재 위치)에 옮겨지면서 동산병원(東山病院)으로 개칭하였다. 초기 교인들을 중심으로 교세를 확장하여 1907년 단층 140평의 새 예배당을 건축했으며, 1933년 448평 2층 예배당을 건축하고 제일교회로 개명하였다. 남성정교회는 대구·경북지역 최초의 교회로 대구광역시 중구 동산동에 있고, 대구 유형문화재 제30호로 지정되어 있다.

50) 조사(助事, Helper)는 초기 한국 장로교회의 직분으로 한국인 목사가 양성되기 전 선교사들을 도와 선교 일선에서 직분을 맡아 수행했던 사람이다. 정식으로 신학교육을 받지는 않았지만 선교사의 전도, 치리, 순회 심방 등의 활동을 보좌하거나 단독으로 조직, 미조직 교회에서 목회 활동을 하기도 했다. 현재의 전도사나 강도사, 준목이 수행하는 직분과 비슷하나 정식 직분이라 할 수 없고, 한국 초기 교회 선교사 중심 과도기의 독특한 직분이었다고 볼 수 있다.

옥산서원(玉山書院)[51] 독락당(獨樂堂)에 들렀다.

독락당은 서원 뒤편에 있는 건물로 회재(晦齋) 이언적(李彦迪, 1491~1553) 선생이 벼슬을 그만두고 고향에 돌아온 뒤에 거처한 유서 깊은 곳이다.

또한 그곳은 이만집의 선조 호계(虎溪) 이을규(李乙奎, 1508~1546) 선생[52]이 공부하며, 학문을 논하던 곳이기도 하였다.

자옥산 명승지에 독락당이 깨끗함을 들은 지 오래로되,… 일천 년 신라와 오백 년 고려에 현인과 군자들이 많이도 왔지만은 하늘이 아끼고 땅이 감추어 내 선생을 남기었다.… 푸른 덩굴 헤쳐 들어 독락당을 열어 내니 유한 경치는 견줄 데 전혀 없네.[53]

평소에 회제 선생은 호계 이을규 선생을 따르지 못한 세 가지를 말하였는데 첫째는 과거에 장원급제한 것이요, 둘째는 아들 다섯을 둔 것과 셋째는 중국을 세 번 다녀온 것이었다.

---

51) 옥산서원은 조선 중종 때 문신인 회재 이언적 선생을 기리기 위해 지방 유림의 뜻에 따라 선조 5년(1572)에 경주부윤 이제민이 세웠다. 이언적의 학업은 퇴계 이황에게 계승되어 영남학파의 성리학 이론이 되었으며 조선 성리학의 특징을 이루었다. 이듬해 서원 이름을 하사받아 사액서원이 되었고, 고종 5년(1868) 흥선대원군의 서원철폐령에도 유지되었다.

52) 이을규 선생은 조선 중기 문신으로 1531년 진사시에 합격하고 1535년 문과에 장원급제하여 형조좌랑, 승문원교리 등을 거쳐 서장관으로 중국에 다녀왔다. 이후 경산현령, 초계군수 등을 역임하며 조선 청백리에 녹선(錄選)되었고 1539년과 1541년 사절로 중국을 왕래하여 황제로부터 황금화로를 하사받았다. 1542년 지병으로 관직에서 물러나 낙향한 후 회재 이언적 선생을 따라 학문을 강론하였고 향년 39세의 아까운 나이로 세상을 떠났다. 1830년 후손들이 경주 북군동에 북산서사를 창건하였는데, 1868년 서원 철폐령에 의해 훼철되었고 1967년 경주 호명리 호계정사를 북산서사로 복원하여 2023년 6월 북산서원(北山書院)으로 승격되었다.

53) 조선 선조 때의 문인 박인로(朴仁老, 1561~1642)의 〈독락당〉 가사 일부.

그리고 중국 황제로부터 황금화로를 하사받은 것을 큰 공로로 여겼다.

이만집은 무엇보다도 그의 선조가 조선 청백리에 녹선(錄選)되었다는 것에 자부심을 가졌다.
"나도 평생을 청렴하게 살며 나라를 위해 일할 것이다."
이렇게 여러 마을을 다녔지만 이만집은 고향 마을로 가지 못했다. 문중에서 워낙 반대가 심하여 아예 발을 들여놓지 못하게 하였다.
고향 마을에 가지 못한 이만집은 경주 안강 칠평천 아래에서 어릴 때 뛰어놀던 강 건너 고향 땅을 바라보며 무릎을 꿇고, 가문이 구원받기를 간절히 기도하였다.

"…나에게 큰 근심이 있는 것과 마음에 그치지 않는 고통이 있는 것을 내 양심이 성령 안에서 나와 더불어 증언하노니,…나의 형제 곧 골육의 친척을 위하여 내 자신이 저주를 받아 그리스도에게서 끊어질지라도 원하는 바로라(롬 9:1-3)."

선교사와 복음을 전하던 이만집 장로는 1912년 평양신학교에 입학하였고, 재학 중이던 1914년 11월 대구 남산교회를 설립하고 부해리 선교사와 함께 사역하였다. 1917년 평양신학교 제10회로 졸업하여, 제2회 경북노회에서 목사 안수를 받고 9월에 남산교회 위임목사로 재직하다가 1918년 2월, 대구 남성정교회(현 제일교회) 홍승한 목사가 산둥성(山東省) 칭다오(青島)에 선교사로 파송되어 그의 후임 목사로 봉직하였다.
그해 9월 대구교회연합회와 선교사들이 교남기독청년회(현 대구

YMCA)를 조직하고 이만집 목사를 초대 회장에 선출하였다. 이런 중직을 맡게 되자 소문을 들은 범울리 마을 사람들은 말이 많았다.

"학교 선생을 하던 그 집 아들이 목사가 되었대."

"아니, 목사도 하고 거 머라 카노, 달구벌청년회 회장도 한다 카더라."

"우와, 그 큰 도시에 청년회장이라니 대단하다."

"회장이면 뭐 하노, 서양 신 야소교 전도하고 다니며 집안 망신 다 시키는데."

"허허, 거참. 조선이 어찌 될꼬? 왜놈들은 나라 다 처묵고 야소교는 점점 퍼져 나가고."

"그런데, 야소교가 참 종교라 카는데, 참말인지 아닌지 알고 싶기도 하다."

"명태 볶음인가, 마카 볶았는가, 누가 볶았는가. 그 책을 보면 다 안다 카더라."

이런 소리가 들려지는 가운데, 1919년 2월 24일, 민족 대표 33인 중 막내인 대구 출신 이갑성이 남성정교회를 방문하였다. 극비의 문서를 받은 이만집 목사는 독립 만세 운동의 성공 여부를 확신할 수 없어 망설이고 있다가 3월 1일 경성과 평양에서 만세운동이 일어난 사실을 듣고, 이튿날 3월 2일에 이갑성이 보낸 세브란스의학전문학교 이용상 학생으로부터 경성에서 등사한 200매의 독립선언서를 전달받고 만세운동을 준비하였다. 이에 남산교회 김태련, 김영서 등 대구 유지들과 함께 서문시장 장날인 3월 8일 오후 3시에 만세운동을 일으키기로 결의하고, 각자 주민들과 학생들을 동원하기로 하였다.

3월 6일 김태련이 남산동 자택에서 등사기를 사용하여 독립선언서 200여 부를 등사하고, 대한독립이라고 쓴 큰 깃발과 태극기 40여 매를 제작하는 등 사전 준비를 진행했다.

거사 당일인 3월 8일 오후 3시가 가까워 서문 밖 장터에 많은 군중이 모여들었고, 계성학교, 대구고등보통학교, 신명여학교, 대구성경학교 등 대구 지역 각 학교의 학생들은 미리 준비한 태극기와 독립선언서를 품속에 감추고 기다렸다.

드디어 오후 3시가 되어 이만집 목사가 연설을 하고 만세를 선창하자, 700여 명의 군중들도 태극기를 흔들고 독립 만세를 고창하였다. 이 만세 소리에 순식간에 군중은 1천여 명으로 불어났고 대한 독립기의 큰 깃발을 앞세워 일경과 기마대의 저지선을 뚫고 중앙파출소 앞을 돌아 달성군청 앞 삼각지까지 행진하며 대한 독립 만세를 불렀다.

그날 이만집 목사와 주동자 75명이 체포되어 같은 해 4월 18일 대구지방법원에서 소위 보안법 및 출판법 위반으로 징역 3년을 선고받고, 5월 31일 대구복심법원에서 징역 3년의 원심 판결이 그대로 적용되어, 7월 21일 조선총독부 고등법원에서 상고를 기각하여 3년간의 옥고를 치러야 했다.

당시 계성학교 학생이었던 차남 이성해도 만세운동에 가담하여 1심에서 집행유예 3년을 받아 복역은 하지 않았다. 원판결 취소는 당시 관련자 75명이 한꺼번에 재판을 받았기 때문에 일부 사람들에 대해서만 원심판결이 취소되고 나머지는 그대로 적용되었다.

이만집 목사가 체포되어 옥살이를 하고 있다는 소문을 들은 마을 사람들은 말들이 많았다.

"그 집 셋째 아들 감옥 갔단다. 이 일을 어떡해."

"거 봐라, 옥살이 하다 죽으면 집안 망하는 거 아이가 참, 안됐다."

"머라 카노! 만세 운동 하다 옥에 갔는데, 독립 운동 못 한 거 부끄러운 줄 알아야지."

"그래도 죽으면 뭐 하노. 아무 소용 없는 거 아이가 목숨이 최고인데."

"하나뿐인 목숨을 나라를 위해 바치는 것도 영광이지. 아주 잘한 일이야, 잘했구먼."

1919년 4월 18일 대구지방법원 1심 재판에서 판사가 이만집 목사를 심문하였다.

판사: 너는 종교인이면서 인민을 선동하여 나라에 불안함을 조성하는 것은 제멋대로 행동이 아닌가?

이 목사: (미소 지으며) 나는 한국에서 나고 자란 한국 사람이니 우리나라 우리 백성을 위해 거사하는 것이 마땅한 일이다.

판사: 이 일을 시작한 장소와 인쇄소는 어딘가?

이 목사: 우리 집이다.

판사: 그렇다면 너는 융희 2년(1908) 보안법 위반에 의해 너희 나라의 법대로 3년형에 처한다.

이 목사: 융희 시기의 법률을 나에게 쓰는 건 감사한데, 그 법이 한국 독립을 위해 일하는 자에게 적용한다는 조문은 어디 있는가?

판사는 기가 막혀서 잠깐 말을 잇지 못하였다.

판사 : 주모자가 누구인가?

이 목사 : 바로 나다. 그러므로 여기 75명이 받을 형벌을 모두 나에게 적

용하고, 부족하면 나의 대대손손까지도 복역시키든지 맘대로 하라.

"나의 힘이신 여호와여 내가 주를 사랑하나이다. 여호와는 나의 반석이시요 나의 요새시요…내가 찬송 받으실 여호와께 아뢰리니 내 원수들에게서 구원을 얻으리로다(시 18:1~3)."

이후 이만집 목사는 특별 사면이 있어 2년으로 감형되어 출옥하였는데, 1921년 계성학교 학생들이 학교 운영자인 선교사들의 교육정책에 반대하여 동맹 휴학 사건을 일으키자 1922년 학생들을 지지했다. 그러자 경북노회에서는 1923년 이만집 목사와 그를 지지하는 남산교회 박영조 목사를 정직시키고 남성정교회 장로 4명과 집사 1명을 면직시켰다.

이에 이만집 목사와 그와 함께한 교회 지도자들은 다음과 같이 선언하고 자치교회를 창립하였다.

"30성상에 각오하였다. 우리가 믿음으로 살려면 진리에 속하자. 교회는 신성한 것인데 불의의 구속을 어찌 당하겠는가. 지금부터 우리 대구교회는 저 권리를 주장하는 선교사의 정신 지배를 받는 경북노회를 탈퇴하고 자치를 선언하겠노라."

이 자치교회는 대구 시내 10개 교회를 비롯하여, 경주와 영양군 등 14개 교회가 자치 선언을 하고 가담하여 등 큰 영향력이 있었다.[54]

그 후 봉산교회를 설립하여 6년간 목회를 하다가 건강이 악화되자, 장남 이광세에게 목사직을 위임하고 차남 이성해가 관리하던 경주 호명의

---

54) 2005년 6월, 예장통합 경북노회에서 이만집 목사 복권위원회의 청원을 받아들여 역사연구 위원회를 조직하고 논의한 끝에 이만집 목사의 복권을 결의하였다.

과수원을 매각하여, 금강산에 들어가 장안사(長安寺) 소유의 토지를 사들여 수양관을 세우고 신사참배에 반대하여 정직되거나 병을 얻어 사역 활동을 지속할 수 없는 목회자들을 위한 쉼터로 사용하였다.

금강산 수양관에서 말씀과 기도 생활에 전념하다가 그렇게 원하고 바라던 광복을 1년 2개월을 앞둔 1944년 6월 8일 소천하였다. 그의 나이 68세였다.[55]

"그들이 다시는 주리지도 아니하며 목마르지도 아니하고 해나 아무 뜨거운 기운에 상하지도 아니하리니…하나님이 그들의 눈에서 모든 눈물을 씻어 주실 것임이라(계 17:16-17)."

---

55) 이만집 목사가 별세한 지 55년이 지난 1999년 대한민국 정부로부터 독립운동 공로자로 건국훈장 애국장이 추서되었다.

책의 내용

〈애정의 그늘〉은 열차에서 자기도 모르게 밀수 운반책이 된 여인을 만나 사랑에 빠진 친구 이야기를 중심으로, 현실적 고난을 신앙의 관점에서 풀어내었다.

〈어느 초여름 밤에 생긴 일〉은 작가의 맏형이 고등학생 시절 겪은 이야기를 보내온 것을 정리해 쓴 글이다. 어두운 밤, 길 잃은 여학생을 도와 귀가시키던 고등학생이 기이한 흰옷의 인물을 목격한다. 그 경험은 두려움과 함께 인간의 선의와 미지의 세계에 대한 성찰을 남긴다.

〈안개비 내리는 산장〉은 일본의 한 산장에서 벌어진 의문의 죽음들 속에서, 일본의 식민 지배의 죄와 심판, 인간의 탐욕이 교차한다. 안개 속 노파의 등장은 죄악에 대한 경고로 그려진다.

〈사선을 넘어〉는 해방 후 좌우익으로 나뉘어 혼란하던 시기를 지나 6·25동란의 격랑 속 주인공의 삶과 신앙을 그린다. 삶과 죽음의 경계에서 절망과 희망을 다룬다.

〈믿음과 기도에 대한 이야기〉는 각기 정반대로 기도하는 상인들, 목사와 술집 주인의 재판에서 역설적인 신앙 이야기를 풍자한다. 우화적 구조 속에 신앙의 본질을 비판적으로 조명한다.

〈하늘의 황금마차〉는 1930~40년대를 당시 우리나라 교회 이야기다. 죽음의 공포를 '영광의 마차'로 승화시킨 신앙적 서사다. 사후 세계를 찬란한 은유로 표현하며, 기독교적 구원의 미학을 시적으로 형상화한다.

〈코로나19의 기억과 상념〉은 팬데믹 시대의 고립과 두려움 속에서도 인간은 연대와 신앙으로 의미를 찾는다. "기록되지 않으면 기억하지 않는다"라는 말로 존재의 흔적을 되새긴다. 기록과 기억의 윤리, 인간의 유한성을 깊이 사유하며, 시대의 아픔을 신학적 명상으로 그려냈다.

〈이만집 목사 이야기〉는 1999년 건국훈장 애국장이 추서된 독립운동가 이만집 목사의 이야기다. 한국 교회의 현실을 반추하며, 목회의 본질을 회복하자는 메시지가 강렬하다. 단순한 전기가 아니라, 신앙과 인간성의 본질을 탐구하였다.

애정의 그늘

ⓒ 이종도, 2025

초판 1쇄 발행 2025년 10월 30일

지은이   이종도
펴낸이   최종렬
펴낸곳   도서출판 나선민
주소   서울 양천구 남부순환로 70길 17, 201호
전화   02) 2632-9618
팩스   0504-341-5240
이메일   hjc9787@naver.com
홈페이지 nsmbooks.onmam.com

ISBN   979-11-92586-19-9 (03810)

- 가격은 뒤표지에 있습니다.
- 이 책은 저작권법에 의하여 보호를 받는 저작물이므로 무단 전재와 복제를 금합니다.
- 파본은 구입하신 서점에서 교환해 드립니다.